Wilhelm Rohmeder

Sprache, Schrift und Orthographie

Wilhelm Rohmeder

Sprache, Schrift und Orthographie

ISBN/EAN: 9783744655316

Hergestellt in Europa, USA, Kanada, Australien, Japan

Cover: Foto ©ninafisch / pixelio.de

Weitere Bücher finden Sie auf **www.hansebooks.com**

SPRACHE, SCHRIFT

und

ORTHOGRAPHIE.

Von

Dr. Wilhelm Rohmeder.

Eine Promotionsschrift.

München, 1871.

E. A. Fleischmann's Buchhandlung.

Vorwort.

Die vorliegende Schrift entstand aus einer Reihe von Vorträgen, welche ich vor mehreren Jahren in fachgenößischem Kreise gehalten. Mehrseitigem Wunsche entsprechend, habe ich denselben die gegenwärtige zusammenhängende Form gegeben. Viel absolut Neues wird der mit den einschlägigen Materien Vertraute in derselben allerdings nicht finden; wol aber darf sie das Verdienst in Anspruch nehmen, von sonsther Bekanntes unter neue Gesichtspunkte gebracht und zu einem gewissen Zwecke verarbeitet zu haben. Der Umstand, daß die dargelegten Grundsätze einer rationellen Schreibung des Neuhochdeutschen in der Schrift selbst zur Anwendung gebracht erscheinen, dürfte wol auf Billigung zu rechnen haben.

Möge die bescheidene Arbeit als ein Beitrag zur Lösung unserer „Orthographiefrage" freundlich aufgenommen werden, und möge das neue Deutschland auch auf diesem Gebiete bald seine vollkommene Einigung finden.

München im Januar 1871.

Dr. **W. R.**

1 *

Thesen:

I. Die Sprache ist das Mittel und die Form des Denkens; oder auch: in der Sprache haben wir den körperhaft (hörbar) gewordenen (lautgewordenen) Gedanken.

II. Dann ist die Schrift der sichtbar gewordene Gedanke.

III. Die Bilderschrift entsprach diesem Zwecke: sichtbare Darstellung des Gedachten, vollkommener als die Buchstabenschrift.

IV. Mit dem Fortschritt von der Bilderschrift zur Buchstabenschrift entfernte sich die Schrift von ihrer ursprünglichen Aufgabe; die Buchstabenschrift ist mechanischer als die Bilderschrift.

V. Für die Buchstabenschrift erscheint die rein phonetische Schreibung der Wörter als die am meisten berechtigte.

VI. Die Schrift (Orthographie) muß mit den Veränderungen, denen jede lebende Sprache unterworfen ist, gleichen Schritt halten.

VII. Die deutschen Literaturverhältnisse laßen es als wünschenswerth erscheinen, daß neben dem phonetischen Principe auch das historische zur Geltung gelange.

VIII. Die jetzt herschende Art der Schreibung des Deutschen leidet an den Gebrechen der Willkür, Inconsequenz und Principienlosigkeit.

IX. Die Hauptgebrechen in der Schreibung des deutschen Vocalismus sind:

1) Der Gebrauch des sogenannten Dehnungs-h.

a) Der Buchstabe h eignet sich nicht zur Bezeichnung der Vocallänge (historisch-etymologisch);

b) der Gebrauch des h als Dehnungszeichen war deshalb bisher auch nicht consequent durchgeführt (phonetisch);

c) eine Bezeichnung der Dehnung der Vocale der Stammsilben işt im Neuhochdeutschen überflüßig;

d) h als Dehnungszeichen ist deshalb überall zu bannen;

e) einige wenige Wörter behalten h, aber nicht als Dehnungszeichen, sondern aus etymologischen Gründen.

2) Die Bezeichnung der Vocallänge durch Vocalverdoppelung.

a) Es ist vom Uebel, zur Darstellung eines und desselben sprachlichen Momentes zwei verschiedene Mittel zu verwenden;

b) die Bezeichnung der Vocallänge durch Vocalverdoppelung verursacht oft Zweideutigkeit;

c) sie ist weder consequent durchgeführt, noch durchführbar;

d) sie läßt sich weder geschichtlich, noch lautlich rechtfertigen;

e) ist deshalb ebenfalls aus der Schrift zu bannen.

3) Der Gebrauch des e als Dehnungszeichen neben i.

a) ie ist nur in den u-Stämmen, die den Laut iu zuerst zu io gebrochen, dann zu i-e, ie abgeschwächt haben, als etymologische Schreibung zu dulden;

b) in den a-Stämmen und i-Stämmen erscheint ie als unberechtigter Eindringling und ist es aus denselben zurückzuweisen;

c) die Imperfectformen weniger ursprünglich reduplicierter Verba müßen ie haben;

d) die Endung ieren ist aus historischen wie phonetischen Gründen ebenfalls mit ie zu schreiben.

4) Die in Folge eingedrungener falscher Laute eingeführten falschen Zeichen (und umgekehrt).

lügen und trügen ist durch liegen und triegen zu ersetzen, das sogenannte Zwickauer e (ŏ) ist aus der Schrift (und Sprache) zu bannen.

5) Der Gebrauch des y. ●
Dasselbe ist jedoch in deutschen Wörtern als geschwunden zu betrachten.

X. Die Hauptgebrechen in der Darstellung des deutschen Consonantismus sind:

1) Die Verwechselung von β mit ss und s.

    a) β ist ein viel jüngerer Laut als ss, s, und etymologisch, ursprünglich auch lautlich ganz und gar von ihm verschieden;

    b) β hat mit Dehnung und Schärfung nichts zu schaffen;

    c) ss kommt in sehr wenig hochdeutschen Wörtern vor;

    d) z steht auf etymologisch gleicher Bildungsstufe mit β, ist Aspirata für die Spirans β und deshalb nie (zu tz) zu verdoppeln.

2) Das h neben t am Anfang, in der Mitte und am Schluß der Wörter.

    a) Es ist ein Rest einer in den vergangenen Jahrhunderten beliebten Schreibung, in der auch andere Consonanten h erhielten;

    b) es wird gegenwärtig inconsequent angewendet;

    c) sein Gebrauch läßt sich weder geschichtlich, noch lautlich rechtfertigen;

    d) es ist deshalb zu bannen.

3) Die Verdoppelung der Consonanten vor anderen Consonanten.

    a) Sie ist eine lautliche Unmöglichkeit;

    b) deshalb zu unterlaßen;

    c) am Wortende jedoch und zwischen Vocalen ist die Consonantenverdoppelung beizubehalten.

4) Der Gebrauch des dt.

    a) dt ist gleichfalls eine lautliche Unmöglichkeit;

    b) in vielen Wörtern nicht einmal historisch gerechtfertigt.

XI. Außer Zusammenhang mit der Sprache stehen zwei störende Gebrechen der deutschen Schrift: der Gebrauch der brucheckigen, unschönen, fälschlicher Weise sogenannten gotischen Schrift, und der Gebrauch der Majuskel für die Substantiva.

Die frage nach dem ursprung und nach dem wesen der sprache ist eine alte und eine neue zugleich; zu den verschidensten zeiten war sie gegenstand der betrachtung und erörterung, und ire beantwortung richtete sich stäts nach dem jeweiligen stande des zeitgeistes und der wißenschaft. Wie das ptolomäische weltensistem volle 14 jarhunderte hindurch, so lange die wißenschaftliche nacht des mittelalters dauerte, sich in ansehen und geltung erhielt, so beherschte auch die ansicht der alexandrinischen und byzantinischen grammatiker, daß die sprache directen götlichen ursprungs sei, die geister durch vile jarhunderte hindurch in unumschränkter weise, bis Tiedemann (i. j. 1772) an den alten definitionen zu rütteln und die sprache als eine rein mechanische schöpfung des menschen zu erklären wagte. Ja selbst Herder („Ueber den ursprung der sprache") und sein gewaltiger gegner Hamann kamen, so verschiden ire ansichten sind, was den kern der sache, die frage nach dem ersten ursprung der sprache betrift, nicht über jene auffaßung hinaus, und musten sie zulezt doch als ein gnadengeschenk Gottes gelten laßen. Es ist ein langer weg von dem saz des Aristoteles: das wort ist ein äußeres zeichen unserer vorstellung, sprechen somit lautes denken, bis zu der anschauung der neuen naturwißenschaftlichen schule, welcher die sprache als reines naturproduct, als absolut historisch gewordenes gilt [1]), oder der auffaßung der metaphysisch-psychologischen schule, die, der leuchte W. v. Humboldts [2]) folgend, sprechen nicht als denken, sondern als mittel und geburtsstätte des denkens gelten läßt [3]), ein weiter weg, mit vilen oft durch jarhunderte von einander getrenten, oft einander ser naho ligenden stationen und eben so vilen denkmalen des strebens und ringens des menschengeistes nach warheit, denkmalen, in welche die namen der bevorzugten geister, denen durch ire leistungen die menschheit irem erhabenen zile näher zu füren vergönt war, mit unausleschlicher schrift eingegraben sind. So vil ist gewis, die sprache ist keine erfindung, sie ist ein natur- und gesezmäßig entwickelter organismus, sie ist ein notwendiges, wenn auch in gewissem sinne nicht ausschließliches [4]) attribut des menschengeistes, so daß mit dem menschen auch die sprache gesezt erscheint; sie ist „ein lautgewordener geist, der die geheimsten anungen der sele mit geringen mitteln zu offenbaren vermag," „eine vereinheitlichung von leib und sele, von stoff und geist, von sonst und heut und allezeit, von hier und dort und überall — die hereinragt in die sinnenwelt wie ein unverstandenes wunder, ein rätselhaftes phänomen, nur dem wunder des menschen selber vergleichbar" [5]); sie ist eine manifestation der denkenden sele, mittel und form des denkens zugleich. Erscheint so die sprache als der lautliche reflex der von der außenwelt empfangenen eindrücke, die abspigelung der außenwelt m den-

---

[1]) Schleicher, die deutsche sprache. 1860.

[2]) Dessen werk: über die Kawi-sprache: „die sprache ist kein ergon (ἔργον), kein ruhendes, fertiges ding, sondern eine energie (ἐνέργεια) d. i. etwas in jedem augenblicke werdendes, entstehendes und vergehendes — eine wirksamkeit, eine arbeit des geistes, das bildende organ der gedanken."

[3]) H. Steinthal: der ursprung der sprache. Berlin 1858. — Philologie, geschichte und psychologie in iren gegenseitigen beziehungen. Berlin 1864.

[4]) Beigel, zur physiologie der deutschen sprachelemente. Erlangen 1867.

[5]) Boltz, die sprache und ir leben. Leipzig 1868.

ken, also als ein bild des bildes, d. h. zunächst ein bild des gedachten und dises wider als ein bild der die eindrücke erzeugenden au/3enobjecte, so lä/3t sich auch sagen, da/3 durch den articulierten laut das denken zur erscheinung gelange. Die mannigfaltigkeit der laute und irer verbindungen, die flüchtigkeit derselben, die vilfachen und schnellen veränderungen, deren sie fähig sind, machen die laute vorzüglich geeignet zum vehikel des denkens, das sich in keinem andern medium so leicht, so selbständig, so schnell und so vorteilhaft zu bewegen im stande wäre.

Lä/3t sich nach diser auffa/3ung sagen, da/3 sich uns der gedanke im laute hörbar darstelle, so kann man weiter behaupten, er erscheine uns in sichtbarer gestalt in der schrift. Sie ist eine erfindung: „Der sterbliche, der das mittel, den flüchtigen geist nicht nur in worten, sondern auch in zeichen zu fe/3eln verstand, er wirkte als ein Gott unter den menschen." (Herder.) Da/3 die schrift eine sichtbare darstellung des gedachten sei, lä/3t sich wenigstens von den primitiven schriftanfängen sagen; unsere heutigen schriftarten entberen allerdings jedes zusammenhangs zwischen darstellendem und dargesteltem. Das bequemste und nächste mittel zur treuen bewarung von erinnerungen, zum überlifern von nachrichten etc. war nämlich das zeichnen oder malen der person, der tat, des gegenstandes etc., wovon die erinnerung haften, der gleiche gedanke wach gerufen werden solte. Da aber die bilder blo/3 zur bezeichnung sinlicher gegenstände ausreichten, so musten für abstracta symbola geschaffen werden. Für die im jugendalter stehende menschheit war dise bilderschrift wol passend; aber bei den durch den gesteigerten bildungs- und kulturfortschritt ebenfals gesteigerten verkersbedürfnissen mag sie sich bald als doch zu umständlich, zu unbeholfen, zu mangelhaft, zu unzuverlä/3ig erwisen haben. Entwickelung ist das gesez des lebens und darum konte der schaffende menschengeist auf der einmal betretenen ban nicht stehen bleiben. Wie löste er das problem? Er analysierte; er bezeichnete den gegenstand nicht mer durch dessen bild, sondern löste den namen des gegenstandes in seine einzelnen lautbestandteile, „sprach-elemente" [1]) auf und bildete für dise „sprach-elemente" besondere zeichen, und hiemit war — indem ich die dazwischen ligenden stufen der verschidenen arten der hieroglyphen und der wörterschrift übergehe — nach der idee der sichtbaren gedankendarstellung überhaupt der nächst wichtige schritt in der kulturentwickelung der menschheit geschehen : der fortschritt von der bilderschrift zur buchstabenschrift. „Dise auflösung der worte in laute und die bezeichnung der lezteren sind eigentlich dieg roße erfindung, welche die wichtigste epoche macht in der weltgeschichte und wovon die teilname einen so wesentlichen unterschid zwischen völkern und volksclassen hervorruft. [2])" Hier ist jedoch eine entfernung von der ursprünglichen aufgabe der schrift: eine verkörperung des gedankens zu sein, zu bemerken; denn bei der wal und aufstellung der zur bezeichnung der einzelnen „sprachelemente" verwanden lautzeichen schloß man sich keineswegs etwa dem hörbaren, körperlichen bestandteile der sprache, dem laute an, um so, da die schrift nicht mer ein bild des gedankens sein solte, sie wenigstens zu einem bilde der sprache zu machen und sie so mittelbar ire unmittelbare aufgabe erfüllen zu laßen; sondern aus den in der bilderschrift vorhandenen und bei irer anwendung zur bezeichnung von gegenständen, personen, tatsachen etc. in gebrauch gehabten bildern wälte man die ersten besten zur bezeichnung der einzelnen lautbestandteile der namen jener gegenstände etc. aus, one auf die organische beschaffenheit des zu bezeichnenden lautes rüksicht zu nemen; „man bezeichnete den treffenden laut mit dem bilde des gegenstandes, dessen name sich mit disem laute anfieng und sezte aus disen einzelnen buchstabenbildern die worte zusammen." [3]) Im princip von der ursprünglichen bilderschrift entfernt, bestanden die lautzeichen diser buchstabenschrift noch aus ganzen oder teilbildern der bilderschrift. Dise buchstabenbilder wurden in

[1]) Reigel, a. a. o.

[2]) Rotteck, allgemeine weltgeschichte. Stuttgart 1860. Bd. I.

[3]) Dr. Heyde: „die stenographie, eine frage der zeit." Correspondenzblatt des kgl. sächs. stenogr. institutes. 1865.

irem weitern gebrauche immer mer dem schreibmechanismus, der
hand angepast, und so wurde, obwol auf disem wege ein ganz anderes aussehen gewinnend, dise phönicische buchstabenbilderschrift die stammutter nicht nur des jüdischen, sondern auch
des griechischen und dadurch indirect aller abendländischen
alphabete[1]); so kam es aber auch, daß unsere heutige schrift
alles zusammenhangs mit der sprache entbert, und, troz des ungeheuren fortschrittes von der bilderschrift bis zu unserer cursivschrift, doch der aufgabe jeder schriftart: die gedanken, empfindungen und äußerungen des menschen in einem möglichst treuen
bilde darzustellen, weder dem zusammenklang der laute, noch
der zeit nach zu entsprechen vermag. Man blib bei dem einmal
angenommenen principe: aneinanderreihung der einzelnen lautzeichen, stehen, und erst Gabelsbergers geniale erfindung
geht einen schritt vorwärts und bringt absolut neues, indem sie
schreiben und sprechen, teilweise auch schreiben und denken in
unmittelbare beziehung treten, die zusammenklingenden laute auch
im sprachbilde als verschmolzen erscheinen läßt. [2])

Entbert so unsere schrift alles innern zusammenhangs sowol mit dem abstracten gedanken, als auch mit der körperlichen
sprache, so kann man doch wenigstens das verlangen, daß sie
sich äußerlich, mechanisch dem laute, dem medium des gedankens, dem elemente der sprache, anschließe; eine rein phonetische
schreibung der wörter erscheint demnach als die natürlichste, die
am meisten berechtigte. Im leben der sprachen ist jedoch kein
stilstand; nach teils universellen, teils generellen (individuellen)
permanenten sprachgesezen sind alle lebenden sprachen einer fortwärenden veränderung unterworfen. Die schrift muß disen veränderungen folgen; durch starres festhalten an einmal zurgeltung
gebrachtem würde sie von der erfüllung der zulezt bezeichneten
aufgabe abkommen, laut und buchstabe würden in widerspruch

---

[1]) W. Rohmeder, geschichte, wesen und verbreitung der stenographie. 1866.

[2]) Willms: die stenographie Gabelsbergers als sprachbild. Dresden. 1866.

mit einander geraten, wie di/3 auch bei stark abgelebten, lautlich verwitterten und abgeblühten zweigen unseres sprachstammes
(neupersisch, englisch, französisch, vergleiche franz. o m mit h o m-
m e s aus lateinischem h o m i n e s) in der tat der fall ist, bei denen
die schrift am älteren lautbestande festhält, die aussprache aber
bei fast gänzlichem mangel des sprachgefüls nur den durch den
wortaccent geschüzten kern des sprachkörpers noch berüksichtigt.
Mit den lautlichen veränderungen der sprachen mü/3en daher die veränderungen in der schreibung derselben hand in hand
gehen; da aber jede sprache auf verschidenen teilen ires gebietes
sich verschiden verändert, verschiden gestaltet, so wird auch die
schreibung derselben sprache in verschidenen gauen ires vorkom-
mens eine immer mer verschidene werden. So vile sprachzweige,
dialekte etc., so vile arten der schreibung; ursprünglich iden-
tische formen werden ein durch die verschidenartige aussprache
bedingtes verschidenartiges aussehen erhalten und die etymologische
zusammengehörigkeit derselben wird sich schlie/3lich in der schrift
gar nicht mer erkennen la/3en. Wo daher die literaturverhältnisse der art sind, da/3 e i n e schreibung der sprache, one berük-
sichtigung irer dialektischen spaltung und gestaltung, als die richtige, d. h. die aus nüzlichkeitsgründen am meisten im gebrauch
stehende sich am meisten geltung errungen hat, da ist wenigstens
eine reform derselben von zeit zu zeit dringend geboten.

Wenden wir das gesagte auf die Deutsche sprache an. In
der periode des althochdeutschen verlaufen sprache und schrift-
tum stäts in einem flu/3e, die gesprochene sprache fält immer
mit der geschriebenen zusammen, dem laute entspricht der buchstabe; in den denkmalen des althochdeutschen haben wir stäts den
dialekt des schreibenden vor uns, etwas algemeineres, was über
demselben, alle stämme umfa/3end gestanden hätte, gab es nicht.
Es ist einleuchtend, da/3 ein solcher zustand der pflege einer algemeinen, einer nationalen literatur nicht günstig sein kann. Mit
dem wachstum der an bedeutung stäts zunemenden deutschen literatur (poesie, da man die prosa als kunstform nicht kante) sehen
wir deshalb auch im mittelalter eine algemeinere sprache sich dadurch entwickeln, da/3 die mundart eines stammes ein übergewicht

über die der andern stämme erhielt: die schwäbische, die höfische mundart (mittelhochdeutsch im engeren sinne), die als sprache der literatur und des höheren umgangs, wie er an den höfen gepflogen ward, auch von denen gesprochen wurde, deren heimatliche mundart sie nicht war. Die mittelhochdeutsche schrift trägt fast durchaus der aussprache rechnung, sie ist eine dem laute angepaste, nicht nach theoretischen grundsäzen festgestelte und stimt also in diser beziehung mit der schreibung des althochdeutschen überein. Mit dem verfall der mittelhochdeutschen literatur verfiel auch der gebrauch jener algemeineren sprache und schreibung, und es machten sich wider die mundartlichen verschidenheiten geltend; die sogenante neuhochdeutsche sprache ist so wenig die naturgemäße fortentwickelung des mittelhd., als die neuhd. literatur die fortsezung der mittelhd. ist; zwischen mittelhd. und neuhd. ligt eine kluft literarischer und sprachlicher verwilderung. Unsere sogenante schriftsprache, das neubochdeutsch im engern sinne, läßt sich in ununterbrochener entwiklungsreihe nur bis auf Luther zurück verfolgen. Die geschichte diser sprache zeigt, daß dieselbe kein „am lebendigen baume der sprache unbewust und naturgemäß hervorgesproßtes reis, sondern etwas in vilen stücken durch den einfluß des menschlichen willens gemachtes und zusammengewürfeltes" [1] sei. Diß die ursache seiner eigentümlichkeiten, seiner sprachlichen unnatürlichkeit, seiner unorganischen lautverhältnisse, die sich keine mundart zu schulden kommen laßen würde. – Wie siht es nun mit der schreibung diser neuhd. schriftsprache aus? Neben dem phonetischen princip sehen wir auch ein anderes, das etymologische, sich geltung verschaffen (verdoppelung der schlußconsonanten, der consonanten vor andern consonanten etc.), das bei der schreibung der wörter auch auf die abstammung rüksicht nemen, die etymologische zusammengehörigkeit verschidener formen auch durch die schrift andeuten hieß. [2] Und das gewis mit recht. Das verhältnis, in

---

[1] Schleicher, a. a. o.

[2] Ist's doch nur eine notwendige folge der art und weise der entstehung diser sprache, daß auch irer schreibung der geruch nach gelersamkeit nicht mangele!

welchem die nhd. schriftsprache zu den lebendigen mundarten
steht, läßt eine rein phonetische schreibung derselben nicht mer
als gerechtfertigt erscheinen; sie ist ja keine im munde des volks
lebendige sprache, kein deutscher stamm sprach oder spricht dieselbe; sie ist etwas in vilen dingen auf dem papiere entstandenes.
Sie trägt iren wert nicht in sich selbst als sprache, er ligt nicht
in irem sprachlichen wesen, sondern in irem gebrauch, in irer
anwendung. Wolte man die nhd. schriftsprache r e i n p h o n e t i s c h
darstellen, so würde man sie zugleich irer fähigkeit, ein gemein-
sames band für alle deutschen stämme, hoch- und niderdeutschen,
zu sein, und damit der quelle irer hohen, für die nation unschüz-
baren bedeutung berauben; denn da sie in den von ir beherschten
kreißen selbst wider stärker oder schwächer mundartlich gefärbt
zur lautlichen erscheinung komt — es ist diß eben die folge un-
abänderlicher, durch die physiologie zu erschließender sprachlicher
naturgeseze —: so würde sich in der sichtbaren darstellung diser
schriftsprache eben dise mundartliche verschidenheit geltend
machen, sie würde bei der stäts fortschreitenden verschidenartigen
veränderung der mundarten im laufe der zeit aufhören, das
allen deutschen stämmen gemeinsame, bei allen übereinstim-
mende mittel der mitteilung, sie würde aufhören, eine a l g e -
m e i n e s c h r i f t s p r a c h e zu sein, eine algemein verstandene,
überall mit recht vorauszusezende. Bei rein phonetischer dar-
stelluug unserer schriftsprache würden bei der auf allen teilen
ires gebiets bereits eingerißenen lautlichen unregelmäßigkeit,
verwilderung und unordnung ursprünglich ganz nah verwande
wörter mit den verschidensten zeichen zu schreiben sein (wie diß
leider in vilen fällen tatsächlich schon vorligt), und bei der schon
erwanten mundartlichen aussprache würde dise zerreißung von
ursprünglich zusammengehörigem eine heillose verwirrung in der
sprache anrichten, die etymologische zusammengehörigkeit viler
formen würde gar nicht mer zu erkennen, sondern nur auf wißen-
schaftlichem wege festzustellen sein. In Franken z. b. müste man
s c h b r ä c h e n (loqui), s c h t ê t, l i s (sinebat), s â c h e n, (dicere),
s i e c h (victoria) etc. schreiben, wozu wol niemand lust haben dürfte.
Eine r e i n h i s t o r i s c h e schreibung aber, one jegliche rüksicht-

name auf die lebendige sprache, widerspräche nach dem oben gesagten nicht nur dem wesen und der aufgabe der schrift, sondern ist schon aus dem einfachen grunde unmöglich, daß es vile wörter und formen gibt, von denen die abstammung anzugeben man nicht einmal im stande sein wird, und man sich deshalb doch wider auf das phonetische princip angewisen sehen würde. Das richtigste, von der natur unserer schriftsprache und von unseren literaturverhältnissen gebotene möchte deshalb wol eine vernünftige verschmelzung beider principien, des phonetischen und des historischen, sein, indem man eine, einesteils der aussprache, anderenteils der abstammung möglichst rechnung tragende schreibung in anwendung bringt, natürlich one in lezter beziehung über die durch die veränderung der sprache gebotenen schranken hinausgehen und etwa ins mittelhochdeutsche zurükgreifen zu wollen.

— Auf dise säze denke ich mir eine vernünftige, den ansprüchen des practischen bedürfnisses sowol, als den forderungen der wißenschaft genügende schreibung des neuhochdeutschen basiert.

Wie nimt sich nun im lichte diser thesen unsere orthographie des nhd. aus?· — „Ein alles durcheinander“, das ist wol der haupteindruck, den die trostlose schreibung der jezigen deutschen schriftsprache macht, eine schreibung, die weder phonetisch, noch historisch ist, sondern das gepräge zufälliger schreiberwilkür an sich trägt, eine schreibung, die von verkertheiten, widersprüchen, inconsequenzen, wilkürlichkeiten und lächerlichkeiten nur so strozt. Welchen anspruch auf practische und theoretische bedeutsamkeit die von gelerten sprachmeistern vom katheder irer schulweisheit herab gepredigte „hauptrechtschreibregel“, sich nach dem herschenden schreibgebrauch zu richten [1]), habe, erhelt nach dem oben ausgefürten von selbst. Hätte man diser forderung consequent folge geben wollen, müsten wir uns eben noch mit der ganz entsezlichen schreibweise des 16. jarhunderts, mit monstrositäten wie jhedenn (jeden), vnndter (unter), lienndten (linden) u. s. w. abquälen. Die lezten jarhunderte haben bereits so stark mit dem wust solcher schreiberwilküren aufgeräumt, daß es torheit wäre, die hofnung auf eine volstandige herstellung unserer

---

[1]) Heyse, theor. pract. deutsche grammatik, und im nach vile andere.

orthographie aufgeben zu wollen. Man sei bei derartigem vor-
gehen nur nicht zu ängstlich in dem bestreben, nicht gar zu ser
gegen die „herschende" schreibmanier zu versto;3en. Es ist gar
nicht nötig immer mit dem strom zu schwimmen, und das vernünftige hat sich noch immer ban gebrochen. Wie wir oben ci-
tierte und andere ungeheuer, die sonst in unserer schrift ir wesen
triben, ausgerottet haben, so werden wir auch mit den noch vor-
bandenen kleineren unholden fertig werden.

Ich versuche, im nachstehenden eine zusammenstellung der in
unserer orthographie am meisten störenden puncte zu geben, und
um der arbeit iren rein negierenden karakter zu nennen, zugleich
das für richtiger geglaubte anzufüren.

Was die darstellung des nhd.

Vocalismus

betrift, so sind darin vor allem folgende puncte störend.

I. Das sogenante denungs-h. Im Mlthd. bezeichnete man die
längen durch ^ oder ′, wie di/3 im Böhmischen und Ma-
gyarischen noch der fall ist. Mit dem verfall der mhd.
literatur und dem eintritt der nun folgenden epoche sprachlicher verwilderung kam dise art der längenbezeichnung ab.
Man empfand aber später das bedürfnis, die länge doch
auch in der schrift durch ein äu/3eres zeichen anzudeuten,
und da man in einigen gedenten silben, wie ä h r e, z e b n
etc. ein nun nicht mer ausgesprochenes, also stummes h
fand, so glaubte man darin einen fingerzeig zu erblicken,
nach analogie diser wörter die denung der vocale algemein
durch beigeseztes h bezeichnen zu sollen, da man die ware
historische bedeutung dieses alten b nicht mer fülte und
kante.

Dises ursprüngliche, echte, berechtigte h steht nämlich
in manchen fällen für altes, indogermanisches k. Im sanskrit und in allen von der lautverschiebung nicht oder noch
nicht berürten sprachen unseres sprachstammes ist dises
k heute noch erhalten; im sogenanten grunddeutsch jedoch
(periode nach der abzweigung des slawo-lettischen) tritt

dasselbe dem geseze der lautverschiebung zu folge in bestimten fällen als h oder hh (wie unser ch ausgesprochen) auf, (nicht als kh, wie man eigentlich erwarten solte), welcher laut dann bei der 2. lautrotation, die 'mit andern eigentümlichkeiten den übergang aus dem grunddeutschen ins althochdeutsche karakterisiert, auch in dise sprache übergieng, da h (= ch) als bloßer dauerlaut, seines explosiven, momentanen bestandteiles beraubt, keiner weitern veränderung mer fähig war. (Ebenso f statt pf aus indogermanischem p: pa t a r — f a t er, va t er). So wurde z. b. indogermanisch dakan im grunddeutschen mit regelmäßiger schwächung des a der 1. silbe zu i und verschiebung der media d in die tenuis t und der tenuis k in die aspirata (resp. spirans) h: t i h a n, im althd. mit regelrechter brechung des i zu ē wegen nachbarschaft des nachfolgenden a und normalem eintritt der durch die 2. lautverschiebung bewirkten aspirata z für die tenuis t: z ē h a n (dagegen gotisch, welches zum grunddeutschen in demselben lautverhältnisse steht wie althochdeutsch und altnordisch, nach den gesezen diser sprache: t a i h u n); mhd. lautet unser wort bei der hier überall eingetretenen schwächung der vocale in den auf die stamsilben folgenden endsilben in ein bald tonloses, bald stummes e: z ē h e n. Sowol im mittel-, als auch im althochdeutschen wurde h als in- und auslaut wie unser ch gesprochen; es ist ein vom anlaut-h ganz verschidener laut, eine secundäre bildung. (Tirolisch z e c h n (10), s t a c h l (stahl). In andern familien des indogerm. sprachstammes, die von der lautverschiebung nicht berürt wurden oder hiebei andern gesezen folgten als das deutsche (spec. hochdeutsche), lautet unser wort (10) der urform noch näher: lat. d e c e m, franz. dix, griech. δίκα, sanskr. dasan, litt. deszimt, kelt. deg, dec; — altsächs. tchan, niderdeutsch tein, holl. tien u. s. w. In andern wörtern steht nhd. h für mhd. j; diß ist besonders zwischen vocalen der fall, wo wir es auch nicht sprechen, sondern uns am bloßen hiatus genü-

gen laßen, z. b. kühe, mhd. küeje (üe ist umlaut von
uo), deshalb jedenfals singularisch kuh, obgleich mhd.
kuo. In einigen fällen steht h für mhd. w (ruhen,˙mhd.
rouwen) oder ch (geruhen, mhd. geruohen).

Da wir h vor einem consonanten nicht mer aussprechen,
so ist dises alte echte h von dem denungs-h nicht zu unterscheiden; aus disem grunde (vermischung des alten h
mit dem denungs-h) eignet sich auch h zur algemeinen
bezeichnung der vocallänge nicht. Dazu ist man nichts weniger als consequent in anwendung des denungs-h; man
schreibt: war (erat), wahr (verus), waare (merx), be-
zeichnet also denselben laut âr auf dreifache weise; kam
— lahm; schwan — zahn; man schreibt ernähren,
aber genesen, obgleich in beiden wörtern derselbe vocal
und dieselbe wurzel nas; ersteres alth. nasjan, causativum zu ganisan = genesen; ferner gebären — ent-
behren (sogar, wie im vorigen beispil, mit ganz verschidener bezeichnung desselben lautes; wurzel bar; vergl. ahd.
biru, lat. fero, griech. $\varphi\acute{\iota}\rho\omega$); ihr — wir; ohr — verloren. Wenn man war., kam, schwan etc. one h schreibt,
warum nicht auch die gegenübergestelten formen? Und so in
analogen fällen. Warum bald bezeichnung der länge, bald
nicht? Der fremde wird durch solche inconsequenz nur
verwirt, die lere von der rechtschreibung wird zu lästigem
gedächtniswerk, da sich kein anderer grund als die wilkür
des schreibgebrauchs für gerade dise schreibung anfüren
läßt, abgesehen von der unbequemlichkeit im schreiben und˙
der unnützen raum- und zeitverschwendung. Lautlich
läßt sich also die bezeichnung der vocallänge durch h nicht
rechtfertigen; geschichtlich natürlich ebensowenig.

wahr: mhd. wâr, ahd. wâr, wâri (solte also eigentlich
nhd. wêr lauten), lat. verus, sanskr. und urform: wara.
In zwar = zi waru, ze ware (alter instrumentalis)
schreibt man ar, obgleich dieselbe silbe.

lahm: alt- und mittelhd. lam; vgl. altnordisch: lama,
böhmisch: lamati = brechen, schwächen, englisch: lame.

z a h n: m.- und ahd. zan und zand, regelmäßig gebil-
dete form für grundform und sanskr. danta; man vergleiche
lat. dens, griech. ὀδούς, genit. ὀδόντος, got. tunthus.

i h r (gen. sing. fem.) lautet mhd. ebenso, geschrieben:
ir, Luther schrib: jr; gotisch: izos; i — pronominalstamm,
zo — femininrest des zwischenpronoms sma, s — geni-
tivzeichen; gotisch z -- s = ahd. r; (im neuhd. i r e r ist
„er" späterer zusaz); i h r (dat. sing. femin.) mhd. ire und ir,
Luther: jr, gotisch: izai; i — stamm, z — rest des zwischenpronoms sma (durch die einschiebung von zwischen-
pronominibus unterscheidet sich die pronominale declina-
tion von der nominalen), ai — dativsuffix.

o h r, mhd. ore, ahd. ôra, schreiben wir m i t, h ö r e n, doch
unzweifelhaft ein von „or" gebildetes verb, o n e h; in den
meisten familien und dialekten unseres sprachstammes finden wir dises, natürlich nach den jedesmaligen lautgese-
zen abgeschliffene wort: griech. οὖς, lat. auris, got. ausa,
altnord. eyra, angelsächs. ear, schwed. ocra, dän. öre, holl.
oor, franz. oreille; für die verwandschaft von „or" und
„hören": got. ausa und hausjan, althd. horjau und lat.
haurire = schepfen.

Verteidiger des denungs-h bringen villeicht vor: durch
wegwerfen des h fallen wörter wie die genanten: war und
wahr etc. in e i n e form zusammen und es können dadurch
leicht zweideutigkeiten im sinn entstehen. Allein diser fälle
sind gewis nur wenige; soll man um einzelner weniger wörter
willen solche eselsbrücken und inconsequenzen durch die
ganze schreibung der sprache schleppen? Und wie unterscheiden sich denn dise wörter lautlich, in der gesprochenen sprache? Spricht man da auch: „Unsere orthographie
leidet an auffallenden gebrechen, das ist war mit ah"
oder: „Grimm und Lachmann waren — ich meine waren
one h — die gründer der deutschen sprachwißenschaft" ?
Braucht man in der gesprochenen sprache keinen besonde-
ren l a u t für den sinn eines wortes, das mit andern lautlich zusammenfält, so braucht man in der schrift ebensowenig

ein besonderes zeichen dafür; der zusammenhang des
sazes gibt den sinn und durch denselben wird jeder vernünftige auf das richtige geleitet. Und fallen denn nicht
auch jezt schon in irer bedeutung ganz verschidene wörter
lautlich und graphisch in eines zusammen, z. b. kriegen
= bekommen und krieg füren, acht = 8, aussto/ßung aus
der bürgerlichen geselschaft und in der bedeutung von
obacht? Andere sprachen haben bei einfacher consonanz
neben kürzen ganz entschidene längen, one dieselben besonders zu bezeichnen (lat. legebam etc.); wodurch unterscheidet man in der schrift die 2. silbe von dolor (kurz) von
der 2. silbe von doloris (lang)? Ueberdi;ß ist die bezeichnung der vocallänge im neuhochdeutschen geradezu ortho-
graphischer luxus, raum- und zeitverschwendung, da ja die
denung ursprünglicher kürzen vor einfacher consonanz
gerade das karakteristikum des nhd. im zusammenhalt mit
dem mdh. ist, es gibt im nhd. keine kurzen vocale vor
einfacher consonanz; wir brauchen deshalb weder die mhd.
circumflexe, noch irgend ein anderes denungszeichen, da die
denung gesez ist. Die wenigen ausnamen beweisen nur
die regel und sind als archaismen des nhd. zu betrachten,
wie z. b. gib, gibst, grob (wol meist kurz, aber nur
gröber etc.), bar in barfuß (dagegen barhaupt und adjecti-
visch), wol in wollust (dagegen wolleben), ur in urteil
(dagegen ursache), man (pronominell), bin (sum, dagegen
schwäbisch: bîn) und einige präpositionen: in, an, etc., bei
denen die kürze übrigens auch anders erklärt werden kann.
Werfen wir also das beim schreiben zeit und raum for-
dernde, unbequeme, den blick in die abstammung verwir-
rende, inconsequente und überflüßige denungs-h als einen
rest jener glanzepoche deutschen zopfes in der schreibung,
in welcher mann vnndt, thischthuoch u. s. w. schrib, getrost
über bord; wir haben uns nach echt deutschem brauche
lange genug damit abgeplagt.¹)

---

¹) Vergl. anhang I.

II. Was vom denungs-h gesagt worden ist, gilt gröstenteils
auch von der zur bezeichnung der vocallänge verwanden
vocalverdoppelung. Ist es schon mislich, zur darstellung
eines und desselben sprachlichen momentes verschidene
mittel in anwendung zu bringen, zumal wenn wie im deutschen der gebrauch nicht durch feste, dem wesen der sprache
entwachsene regeln bestimt ist, sondern nach wilkür sich
festgesezt hat: so ist die bezeichnung der vocallänge durch
vocalverdoplung um so schlimmer, als gerade dadurch in
vilen fällen (beeren [beehren], geendet) zweideutigkeiten
für den ausländer entstehen, die behoben wären, wenn man
den vocal nicht verdoppelte. Die verdoplung als algemeine
längenbezeichnung consequent durchzufüren, wird wol niemand lust haben; man laße sie deshalb ganz fallen, da kein
logischer grund für sie vorhanden und überhaupt jede
graphische längenbezeichnung im nhd. überflu,3 ist.
  Mit welchem recht schreibt man aar (adler, aus adelar
= edler ar), saat, moos u. s. w. neben klar, bat, rose?
Geht ja hier doch die schulmeisterei so weit, ein und dasselbe wort in verschidener anwendung verschiden zu schreiben: heer und herberge, baar (adjectiv) und barfuß! Aal
— mahl — schmal, moor — ohr — vor, leer — entbeh-
ren — wer: hier haben wir je 3 graphische bezeichnungen
für einen und denselben laut und zwar one allen etymologischen grund. Wozu di3? Die ältere orthographie kent
keine vocalverdoppelung zum zweck der längenbezeichnung [1]), wir brauchen sie auch nicht; sie ist onedi3 nur
noch auf 3 vocale beschränkt, wärend man früher auch
u und i verdoppelte. [2]) Wärend man im 16. und 17. jarhundert auch: spraach, raath, reegen, heeben, hooch, froost,

_____

[1]) Ich weiß zwar wol, daß die verdoplung der vocale in handschriften
des 7—9. jarhunderts hie und da angetroffen wird; später jedoch
kam sie ganz außer gebrauch, und erscheint sie erst seit dem anfang
des 16. jarhunderts wider.

[2]) Weinhold, deutsche rechtschreibung. 1855.

bluuth, natuur etc. schrib, hat dise art der längenbezeichnung in den lezten jarhunderten an umfang immer mer verloren; tilgen wir die noch vorhandenen reste üppig wuchernder buchstabenverschwendung aus jener zeit literarischer und sprachlicher verwilderung, in welcher man orthographischen unsinn, wie in die erwänten wörter bieten, producierte, ungetüme, bei deren erzeugung das bestreben maßgebend gewesen zu sein scheint, so vile buchstaben als möglich auf das papier zu bringen, so die arbeit des schreibens zu erhöhen und die schrift, das eigentum weniger bevorzugten, von der gesprochenen sprache nach möglichkeit zu trennen und als etwas ganz apartes hinzustellen.

III. Schwiriger als die beiden besprochenen puncte dürfte villeicht ein dritter, der gebrauch des ie, zu bereinigen sein, zumal da koryphäen der wißenschaft wie J. Grimm für den durchgängigen gebrauch desselben bei langem i in die schranken getreten sind. Das alte ursprüngliche, berechtigte ie ist diphthong, gebrochener vocal der 1. steigerungsstufe in der u-reihe. Die alte indogerm. ursprache hatte ursprünglich nur 3 vocale: a, i, u. Zum zwecke des beziehungsausdruckes, d. h. um die wurzel, die die bedeutung one alle beziehung gibt, auf eine bestimte beziehung zu beschränken, um also an der wurzel selbst, abgesehen von den beziehungsausdrücken am ende der wurzel, verschidene worte, die von derselben wurzel herkommen, unterscheiden zu können: wurde mit disen 3 vocalen eine gleichartige veränderung — steigerung benant — vorgenommen, indem denselben ein a, der die natur des vocals am ausgeprägtesten an sich tragende laut, vorgesezt wurde; also aa, ai, au. Vor der trennung der ursprache in merere familien — denn alle haben diß merkmal — entwickelte sich eine 2. steigerung durch nochmaliges vorsezen eines a, oder was dasselbe ist, durch vorsezen von â vor den grundvocal: âa, âi, âu. Jeder der 3 vocale ist also einer 3fachen form fähig; grundform, 1. steigerung, 2. steigerung bilden eine vocalreihe. Die u-reihe

gestaltete sich demnach: u, a u, a + a u = âu. Bei der
fortschreitenden entwickelung der sprachen bliben dise
formen natürlich nicht dieselben, namentlich macht sieb in
der 1. steigerungsstufe (au) im grunddeutschen und in
dem im zimlich nahe stehenden gotischen eine anäulich-
ung des a-elements zu i bemerkbar, so daß hier die u-
reihe folgendes aussehen hatte: u, iu (io), au (âu). Im
mittelhd. ist sie wesentlich unverändert gebliben; nur hat
sich in der 2. steigerungsstufe das a dem u in etwas as-
similiert: u, iu (io, ie), ou. Im neuhd. gestaltet sich bei
der im vocalismus desselben statt der alten regelmäßigkeit
eingetretenen regellosigkeit und verwilderung die u-reihe
freilich ser mannigfaltig, um mich an das hieher gehörige
zu halten etwa zu: u, ie (eu), au. Vergleiche ich mit dem
gesagten ein beispil: unser (er) flicht (fugit), statt fleucht,
hieß in der urform: vluhta ; mit dem eintritt der 1. steigerung: vlauhati (die 2. steigerung wurde zur bildung
anderer formen verwendet, ließ also unsere bereits gewonnene
form unberürt); gotisch: vliuhith, mittelhd. vliuhet,
nhd. flieht, statt fleucht. Der regelmäßige nhd. stelvertreter von mhd. iu ist nämlich: eu (bliuwen — bleuen,
liuhten -- leuchten); aber der zuerst durch einwirkung des
a in der folgenden silbe aus „iu" zu „io" gebrochene, später
aus „io" zu „ie" abgeschwächte vocal des plurals und des
conjunctivs hat sich auch in den sing. praes. und in die
davon abgeleiteten formen bei den verbis der u-reihe eingeschlichen und den disen formen rechtmäßig zukommen-
den laut daraus verdrängt, so daß nun hier nhd. ie die
stelle von nhd. eu vertritt. Ursprünglich hatten allerdings
singular und plural denselben vocal, villeicht im grunddeutschen noch ; im althd. hatte aber bereits der plural
einen andern, nämlich den aus dem laut des sing. gebrochenen laut (iu — io), mhd. haben gleichfals die beiden
numeri verschidenen laut, und zwar ist der laut des mhd.
pl. ein durch abschwächung des lautes des ahd. pl. . ent-
standener laut (io — ie); nhd. stimmen sing. und plur.

lautlich wider überein, aber nicht so, daß etwa die regel-
rechte weiterbildung des stamlautes (des singularvocals) ·
auch wider vom plur. besiz ergriffen hätte, sondern der
gebrochene und abgeschwächte laut des pluralis bemächtigte
sich des singularis; z. b. ahd. vliuhu, vliuhis, vliuhit;
vliohames (a der endung bewirkt brechung des u zu o),
vliohat, vliohant; mhd. vliube, vliuhcst, vliuhet; vlichen,
(io zu ie geschwächt), vliehet, vliehent; nhd. solte eigentlich·
heißen: fleuche, fleuchest, fleucht, heißt aber wegen festsezung
des gebrochenen pluralvocals auch im singular: fliehe, fliehest,
flieht; fliehen, etc. Kurz: nhd. ie ist teils mit recht, teils
mit unrecht stelvertreter von iu, io, es ist diphthong,
da der 2. teil diser verbindung ursprünglich ausgesprochen
wurde (i-e) und sich erst almählich die aussprache des i-e
wie î festgesezt hat. Dadurch, daß man „ie" wie î aussprach,
entstand nun zwischen dem gedenten i, d. i. dem steiger-
ungs-, im nhd. auch teilweise grundvocale der i-reihe, und
dem ie, d. i. dem steigerungsvocale der u-reihe, verwirrung
in der weise, daß man ie auch da schrib, wo nur i am
plaze ist, hie und da auch umgekert (dirne, fichte, licht,
nicht etc.). Wir haben also hier die erscheinung vor uns,
daß eine schreibung, die nicht phonetisch, (ie wird ausgesprochen wie î), die nur historisch und nur da am orte ist,
wo sie als erinnerung für früher ausgesprochenes i-e steht,
über die ir von der natur der sprache gezogenen grenzen
hinausgelaufen, ein vocal der u-reihe, nachdem er in seinem
eigenen gebiete sich schon ungebürlich vil terrain erobert
hatte (ie statt eu im sing.) [1]), nun gar auch noch in wörter
der i- und a-reihe eingedrungen ist. Aus den angehörigen der
beiden lezten reihen müßen wir in unbedingt zurükweisen, in
der u-reihe mag er als erinnerungszeichen an frühere zeiten
seiner herlichkeit, in welchen seine jezt gänzlich unbeach-
tet gelaßene 2. hälfte von der aussprache auch berüksich-

---

[1]) Hier wurde aber i-e ursprünglich so gut wie im plural ausgesprochen, nie aber in der i- und a-reihe.

tigt wurde, so lange fortexistieren, bis villeicht die fort-
schreitende veränderung, resp. lautliche verkümmerung der
sprache im ein neues opfer der entsagung abnötigt. Mer
concessionen dürfen wir im nicht machen, sei er zufriden,
da/3 wir seine tode 2. hälfte als monument der früheren
zeit ires lautlichen lebens mit durch unsere schriftliche
sprache schleppen.

Bei einiger aufmerksamkeit läßt sich die eingetretene verwirrung leicht lösen; man schreibt nämlich überall ie, wo
neben dem ie noch ein anderer laut der u-reihe (o, u, eu,
au, äu) in einem stamverwanden worte, und überall blo/3
i, wo neben 1 noch ein anderer vocal der i- oder a-reihe
erscheint (mit ausname der weiter unten besprochenen
fälle); also fliegt, kriecht, liebe etc. wegen flug, kreucht,
glauben; aber ligt, list (legit), gedih, befihl etc. wegen lag,
las, gedeihen, befehlen. Manche, jedoch wenige andere
wörter la/3en sich freilich nicht so leicht nach irer abstammung erkennen; dise mu/3 man eben als mit ie zu schreiben merken. Mu/3 man doch bei der bisherigen schreibmanier so viles, ja beinahe alles „merken," da sie nicht
auf den gesezen und dem wesen der sprache selbst, sondern auf wilkür beruht.

In anwendung des ie für i ist die bisherige schreiberweisheit natürlich nichts weniger als consequent; man
schreibt: schwierig — ihr — mir: also 3 zeichen für
denselben laut ir; man unterscheidet ganz ungerechtfertigter
weise : wieder und wider (ist ein wort); siegel — igel;
Friedrich — augenlid; biene — ihnen — hin: lauter lautliche inconsequenzen; etymologisch (historisch)
lä/3t sich „ie" in den beispilsweise angefürten wörtern (als
vocal der i- oder a-reihe) natürlich ebensowenig rechtfertigen.
liegen — (s. oben), mhd. ligen, ahd. und got. li-
gan (im ahd. in der conjugation aber j: ligju u. s. w.;
daher i-stamm, sonst würde das wort lĕgen lauten); verwand mit adjectiv: leg = nidrig, isländisch: lagr, schwed.
lag; niderd. „legerwall" oder „leger" wall. Sein cau-

sativ ist l e g e n, got. lagjan, ahd. lekjan, griech.
λέγειν; wurzel : lag, also a-stamm.

(er) l i e s t — mhd. liset, got. lisith, ahd. lisit von got.
lisan, ahd. lesan (mit durch folgendes a bewirkter brechung des i zu e); wurzel : las; verwand mit: leren, mhd.
lern, ahd. leran, got. laisjan, und nhd. lernen (vergl.
geleise), mhd. lirnen, ahd. lirnan, wo „ir" für „is" steht.
Grunddeutsche wurzel : lis, deren grundbegriff (nach
Heyse) : „nach einer reihe oder folge durchgehen"·

g e d i e b — mhd. gedêh für gedeih; von ahd. dihan,
grdd. thian = wachsen, zunemen; wurzel (deutsche):
dih, indogermanische: tih (tik?); gewis ist, daß ein i-
stamm vorligt.

s c h w i e r i g — mhd. swirec in beiderlei bedeutung, ahd.
swûr, swâri; also einesteils von schwer (swâri), andernteils von schwären (sueran), aber immer a-stamm.

w i e d e r — erst seit dem 17. jarhundert von w i d e r durch
die schreibung geschiden ; mhd. wider, widere, ahd.
widar, widari; got. vithra ; grundbedeutung: entgegen,
gegen. Wurzel: wi = gehen, oder sanskr. vorsilbe vi
—, lat. ve —, also vi — dar?

s i e g e l — mhd. sigele, ahd. insigili, schwed. sigill,
franz. sceau, lat. sigillum (= deminutiv von signum).

F r i e d r i c h — aus mhd. fride, ahd. fridu und rich, got.
reiks (= mächtig, gewaltig); wurzel : fri = frei; grdd.
auch freith, frieth. Ganz verschiden davon ist frithof
(friedhof.)

b i e n e — mhd. bin, ahd. bini.

Historische berechtigung hat also ie nur in u-stämmen, lautliche kann im nirgends zuerkannt werden.

Außer disen u-stämmen komt aber in der sprache ein
häufig widerkerender fall vor, wo ie gesezt werden muß,
i sogar gegen das lautliche und geschichtliche princip verstößt : ich meine das durch consonantenausstoß und zusammenziehung entstandene ie in den imperfect-, richtiger
perfectformen der reduplicierenden verba. Das ursprüng-

lich indogerm. imperfect ist dem deutschen und vilen andern familien unseres sprachstammes verloren gegangen — erhalten im griech. Aoristos —, und im deutschen wurde das ursprüngliche perfect auch als imperfect gebraucht — daher der doppelte in seiner bedeutung ganz verschidene gebrauch unsers imperfects [1]); der Lateiner hatte sowol imperfect als perfect verloren und schritt deshalb zu neubildungen (zusammensezungen), und zwar bildete er ersteres mittels einer der beiden einzigen im noch verblibenen imperfectformen der älteren sprache, der der wurzel „fu", urspr. fuam, dann fam = bam lautend (die andere: eram für esam).

Anfänglich bildeten nämlich alle stamverba ir perfect mittels reduplication und, wo der wurzelvocal es zuließ, steigerung desselben. Im deutschen machte sich als gesez geltend, die reduplication nur da anzuwenden, wo der wurzelvocal nicht mer steigerungsfähig (schon höchst gesteigert) war und auch bei a, wenn im präsensstamme 2 consonanten darauf folgten, sowie bei â (1. steigerungsstufe), das eigentlich zur 2. (ô im grunddeutschen) steigerbar gewesen wäre. Bei allen übrigen verbis begnügte es sich, das perfect einfach durch steigerung des wurzelvocals zu bilden. In einer vorgeschichtlichen periode unseres sprachstammes lauteten villeicht unsre perfectformen : stal, biß, zog : sastâla, bibaida, dudauka (wurzel: duk, vergl. lat. duc — cre; sanskr. duh, melken), gerade so gebildet, wie hahâldba oder slaslâpa, schischaita und ruraupa ; die 4 lezteren sind solche, welche auch noch im deutschen aus den angegebenen gründen ir perfect (imperfect) reduplicierend gebildet haben. Später machte sich ein gleichförmiger reduplicationslaut geltend (gotisch ai, ahd. ei) und man würde (gotisch) staistâl, baibait, taitauh gebildet haben, wie man wirklich haihûld (ahd. heihalt) bildete. Durch ausstoß der widerkerenden anlautsconsonanten — wie denn

<hr />

. die sprache gerne von 2 nach einander folgenden gleichen consonanten einen auswirft — und durch zusammenziehung der
vocale der reduplicationssilbe mit dem wurzelvocale schliff
sich so z. b. die form beihalt zu hei-alt —hi-alt— hi-elt —
hielt ab. Auf dise weise sind alle perfecta diser art verba gebildet. Die ursprüngliche reduplication ist an der jezigen ,
wortform nicht mer zu erkennen; aber man sibt, da,ß e
nicht felen darf: es ist der rest des alten stamvocals.
Die zal der verba, die auf dise weise ir perfect bildeten,
ist nicht groß, nach den wurzelvocalen geordnet, die sie
im grunddeutschen hatten, sind es folgende:

1) a vor 2 consonanten: fallen, halten, hangen, gangen
   (dise präsens- und infinitivform ist jezt nicht mer gebräuchlich, so da;ß „gieng" als perfect zu dem binde-
   vocallosen ga-n, jezt gehen, gilt), walten, spalten, fal-
   ten und salzen. (Die 4 lezten sind der analogie der
   abgeleiteten verba gefolgt). •
2) â (1. steigerung) als grundvocal: schlafen, braten, raten,
   blasen, la;ßen (mhd. lâʒen).
3) ô (uo) (2. steigerung) als wurzelvocal: rufen.
4) au (2 steigerung) als wurzelvocal: laufen, hauen, stoßen,
   schroten (jezt nach art der`abgeleiteten).
5) ai (ei) (2. steigerung) als wurzelvocal: heißen, scheiden,
   heischen (jezt schwach.)

1—3) sind a-stämme, 4) u-stämme, 5) i-stämme.

Bemerkenswert ist: s c h e i d e n , perfect: s c h i e d (aus
scheischeit), partic. präter. solte heißen: g e s c h e i d e n (erhalten in bescheiden), ist aber der analogie der nicht re-
duplicierten i-stämme (meiden, schleifen) gefolgt und deshalb auch wie dise zu schreiben: geschiden, (gemiden etc.,
geschliffen etc.) Also schied, aber geschiden, daher auch
verschiden; dagegen: mid, gemiden, schliff, geschliffen.

Obgleich gegner des ie, wo es als unberechtigter eindringling erscheint, muß ich doch in einem falle dessen
algemeiner einfürung das wort reden: in der endung
fremder verba auf i e r e n, und zwar aus folgenden gründen:

1) es ist inconsequent und durchaus kein grund dafür vorhanden, bei einigen i e r e n, bei anderen i r e n zu schreiben; 2) die ältere Schrift hat überall icren, das dem franz. er, lat. — are, (in einzelnen fällen auch anderen verbalendungen) entspricht (historisch); 3) die aussprache entscheidet für ieren, da das e nahezu wie in: mauer, vier etc. gesprochen wird, obgleich di β nur folge der nachbarschaft des r ist (phonetisch); 4) auf dise weise fügt sich die schreibung der verba zu nominibus wie: barbier, manier, papier (papyrus).[1)]

IV. In einigen wörtern hat sich für den etymologisch richtigen oder richtigern ein ganz falscher laut und in folge dessen ein falscher buchstabe, in einzelnen fällen zuerst ein falscher buchstabe und im nach ein falscher laut eingeschlichen. Genau zugesehen ist di β in folge der unorganischen lautverhältnisse des neuhd. und der eingeri β enen lautlichen verwilderung und regellosigkeit gar häufig der fall, z. b leer (inanis) für laer, ahd. làri, mhd. laere; selig für saelig, mhd. saelec von sàl; gebären für gebēren v. ahd. biran; beere (bacca) für bere (kurz und helles e wie in sprechen), ahd. bari, basi. Doch sind dise formen nicht so auffallend und falsch und mer nach analogie anderer formen gebildet, wie denn überhaupt das walten der analogie ein gewaltiger laut- und formzerstörer in schon lange zeit historisch gewordenen sprachen ist. Besonders auffallend aber sind folgende formen:

liegen (mentior) und triegen (betriegen, decipere),
welche man gewönlich mit ü geschriben findet, als wären sie von lüge und trug abgeleitet. Der u-reihe gehören sie freilich an und die inen zu grunde ligenden wurzeln hei β en lug und trug; aber von lüge und trug können sie schon deshalb nicht abgeleitet sein, weil sie sonst als abgeleitete verba schwache conjugation haben müsten. Liegen und triegen sind auf die-

---

selbe weise von mhd. liugen, ahd. liukan, got. liugan
und bezw. mhd. triugen, triegen, ahd. triukan, got.
triugan gebildet, wie biegen voh mhd. biugen, ahd.
biukan; beide wörter bilden sowol im neu-, als auch
im mittel- und ahd. ire formen gerade so, wie alle andern hieher gehörigen verba: nhd. log, trog — flog,
zog, floh, bog, bot etc.; ebenso im partic. praeter.; in
triegen ist überdiß die algemeine aussprache gegen ü;
liegen wurde wol zuerst aus falscher rüksicht auf lüge,
andernteils wegen des nhd. gleichklangs mit ligen (ja-
cere, situm esse, mhd. kurz) in „lügen" gewandelt und
als assonierendes wort folgte im „triegen" treulich nach.
— Ebenso unrichtig ist:

löschen; der e-laut ist hier gebrochenes i, gerade wie
in nemen, geben, helfen, werden etc. (lauter a-stämme);
nhd. gewönlich: ir — leskan: lisku, liskis, liskit; les-
kam, leskat, leskant; mhd. lische lischest etc., daraus
folgt nhd. lesche etc. Es ist ein a-stamm, sein perfect
noch mhd. lasch, pl. lâschen, part. prät. geloschen,
ahd. galuschan. In einigen wörtern diser art ist sogar
ä für den eigentlichen gebrochenen i-laut = e in das
präsens und seine formen eingedrungen: gebären (—
bir, — bar), rächen (riche, rach), gäre (mit wandlung
des s zu r: gise, jas), schwären (swir, swar), jäten (gite,
jat). — Das causativum zu leschen, jezt auch löschen,
lautet ahd. leskjan, mhd. leschen. Wir sehen, ö steht
hier etymologisch völlig gleich mit ä in gebären etc.
und dem richtigen e in helfen, bergen etc.; ö ist
hier völlig unberechtigt und wenn sich hin und wider
die aussprache zu „löschen" neigt, so geschiht diiß
gewis nur der falschen schreibung zu lieb.

„Leschen" ist nicht das einzige wort, in welchem ö für
richtiges e, älteres i, ursprüngliches a sich eingenistet hat;
wir können deren eine ganze reihe zusammenstellen. Den
grund diser erscheinung finden wir teils in der unsitte,

i zu ü, e zu ö zu vergröbern, einer aussprache und schreibung, die als Zwickauer mundart sich über die grenzen irer berechtigung hinausgestolen und auch in anderen teilen des deutschen sprachgebiets zur geltung zu bringen gewust hat, teils mögen uns die physiologen disen vorgang erklären, indem sich bei einem teil unserer stammesgenoßen die unfähigkeit zeigt, ein wirkliches, von e reinlich geschidenes ö hervorzubringen. Volksmundarten und alte drucke kennen auch öpfel für äpfel, hölfte für hälfte. In manchen neuen werken, z. b. der Cotta'schen volksausgabe von „Uhlands gedichten und dramen", 1863, wird dises falsche ö bereits durch e ersezt. Ich gebe nachstehend eine zusammenstellung der am häufigsten vorkommenden wörter mit Zwickauer ö für e und füge zugleich eine kurze etymologische begründung des richtigern hinzu :

schwören, schwor (schwur ist veraltet), geschworen, mhd. swern, swer, swuor, geswarn (aber auch schon „gesworn" durch verwechselung mit swir, swar, zwâren, gesworn, ahd. gisuoron = ulcerare), ahd. suarjan, swarju, swuor, gisuaran; got. svaren; wurzel: wâr = war, kräftig, giltig; wâran =: sichern, schüzen, waren.

gewönen, mhd. meist bloß wenen, ebenso statt gewonen : wonen; dasselbe wort mit wonen, ahd. wonên, vom stamm: won, wurzel: wan.

dörren = troknen, vgl. darre.

götling (als name erhalten), mhd. getelinc (socius); vgl. gatte, gast.

ergözen, mhd. ergezzen = vergeßen machen; wurzel: gad; vergl. lat. gaudeo, griech.)ηϑίω.

hölle, mhd. und Lutherisch: helle, ahd. bella, got. halja; erst seit dem 17. jarh. ö; wurzel: hal in helen, hol, helm (galea), hüllen, hülle (got. hulja).

köder, mhd. keder und kerder.

löffel, oberdeutsche aussprache: leffel, niderd. lepl; ahd. lefil; lat. labrum (wanne), mittellat. labs (topf); also

ursprünglich überhaupt: gefäß, behältnis. Villeicht
von laffan, niderd. lappen = schlürfen.

löschen, s. links.

löwe, mhd. lewe, leue, ahd. lewo; lat. leo, griech. λέων;
verwand mit ahd. louuan, luen, niderd. leuen, engl.
low = brüllen?

schöpfen, mhd. schepfen, ahd. skepphan, got. skappjan
von skêpan, ahd. skapan = schaffen. Daher ö auch falsch
in schöpfer (creator) mhd. schepfaere, in schöppe
oder schöffe (der das erkentnis schepft), mhd. schepfe,
schepfende, ahd. skeppho, in schöpfung, mhd.
schepfenunge. Vergl. die schapfe (fränkisch), gefäß zum
schepfen.

wölben, mhd. welben, ahd. walbôn, = sich wälzen. Stamm:
walb, wurzel: wal: wellan, got. valvjan, lat. volvere;
vergl. welle, wallen. Daher richtig: gewelbe, (so auch
mhd.), ahd. giwelbi; vergl. welbi, der schwindel. W be-
günstigt hier das ö, wie in gewenen, schweren, zwelf.

zwölf, mhd. zwelf, zwelif, zwelef, got. tvalif = zwei-zehn;
tva, hd. zwe, lat. duo; lif, lef, eine mit hilfe von kat-
varas (quatuor für quatuores), varkas (wolf) und einiger anderer formen zu erklärende entstellung von dakan; vergl. duodec-im, δώδεκ-α; einlif, cinlef, eilf.

V. Das „unnüze und barbarische" (Grimm) y ist so zimlich
im aussterben begriffen, kaum daß hie und da noch ein
philister, im wan, man müße die bedeutung jedes wortes, wenn
auch auf kosten seiner lautlich und geschichtlich richtigen
schreibung, schon aus seiner uniform ersehen können, der
sprache durch unterscheidung von „seyn" und „sein" einen er-
kleklichen dienst zu leisten vermeint. In „Bayern" freilich
erfreut sich das unrichtige zopfische y officiellen schuzes.
In fremdwörtern bleibt es natürlich wie bisher an seiner
stelle, in lehnwörtern ist es längst getilgt (presbyter —
prister).

Diß sind die auffallendsten inconsequenzen und unrich-
tigkeiten in der darstellung des deutschen vocalismus und

die nach den bestimten gesezen der sprache vorzunemenden verbe:3erungen. Wenden wir uns dem

Consonantismus

zu.

I. Zu den am schwirigsten ins reine zu bringenden puncten gehört die unterscheidung von β (mhd. ʒ) und ss, bisweilen s. Im neuhd. fallen dise consonanten lautlich zusammen, aber schriftlich müßen sie unterschiden werden, wenn man nicht die freilich barbarische, rein lautliche darstellung vorziehen und überall ss schreiben will. Schulmeisterregeln über denung und schärfung bei schreibung des β gehen uns, als außer zusammenhang mit der sprache, natürlich nichts an; länge und kürze der vocale hat bei der entscheidung der frage, ob β (d. i. t, ursprünglich d), ob ss keinen einfluß, da β ein von s, ss völlig verschidener laut ist und auf gleicher etymologischer bildungsstufe mit z (pf, f) steht. β ist ein dem oberdeutschen eigentümlicher laut, er findet sich weder im niderdeutschen, noch im gotischen und nordischen und natürlich auch nicht in den anderen familien unseres sprachstammes. Durch die volzogene lautverschiebung hebt sich, abgesehen von anderem, das grunddeutsche von seinen beiden nächst verwanden zwillingsschwestern, dem slawischen und littauischen und damit von allen andern sprachfamilien des indogermanischen stammes, als eine besondere sprachenfamilie ab. Das grunddeutsche hat statt der indogermanischen media die tenuis, statt der tenuis die aspirata, statt der aspirata die media; also statt indogerm. b, g, d — p, k, t, statt p, k, t — pf, kh, ts, bezw. ph, kh, th, statt ph, gh, dh, (griech. φ, χ, ϑ) — b, g, d. So gestaltet sich der consonantismus des grdd. rein schematisch, von allen ausnamen abgesehen. Im gotischen und nordischdeutschen und auch in dem durch teilung des deutschen im engern sinne entstandenen sprachstamm „niederdeutsch" ist diser stand der consonantischen laute des grunddeutschen noch erhalten.

3 *

Das ober- oder hochdeutsche ließ jedoch die lautverschiebung zum zweitenmale eintreten, wenn es dieselbe auch nicht überall consequent durchfürte. Die indogermanische dentale media — d — ward also im grunddeutschen (go- tischen, nordischen, niderdeutschen) zur dentalen tenuis — t —, und dise fürte im hochdeutschen zur verbindung der dentalen tenuis — t — mit der dentalen spirans — s, d. i. zur dentalen aspirata — z (d. i. ts). In gewissen fällen jedoch (inlautend zwischen vocalen und auslautend nach denselben) verflüchtete die zu erwartende aspirata zu einem laute, der in seiner aussprache der spirans änlich war, eine erscheinung, die physiologisch ser leicht zu erklären ist, und zwar gilt diß nicht nur von der dentalen, sondern auch von der labialen und gutturalen reihe. Statt der dentalen aspirata finden wir also in gewissen fällen eine spirans und das ist alt- und mittelhochdeutsch ʒ (ʒʒ), neuhochdeutsch ß. Die entwickelungsreihe des ʒ (ß) ist also (rückwärts): ʒ (oberdeutsch), t (grundd., also auch gotisch, nordisch-deutsch und niderdeutsch), d (indogermanisch, also auch slawisch, littauisch, italisch, griechisch, sanskrit). ʒ ist also ein von s, ss etymologisch völlig verschidener laut; s ist ein ursprünglicher, allen indogerm. sprachen gemeinsamer laut, ʒ ist eine bildung ser später zeit, ausschließliches eigentum des hochdeutschen, nicht dem s, sondern dem z verwand (hize, heiß; kloz, kloß). Die wurzel von unserem „eßen" ist „ad" (vergl. lat. edere); gotisch (und in diser beziehung dem gotischen gleichstehend: grunddeutsch): itan, ahd. eʒʒan, mhd. eʒʒen, nbd. ebenso, nur anders geschriben: eßen; also ß statt ursprünglich d. Dagegen das causativum zu itan, gotisch: atjan, ahd. ezan, nbd. äzen; also z (tz) statt ursprüngl. d. Zwischen ss und ß entscheidet demnach einzig und allein die kentnis der historischen formen; die entscheidung ist aber ser einfach: ß steht überall da, wo grunddeutsch (gotisch, niderdeutsch etc.) t, indogerm. d steht, ss da, wo auch die übrigen zweige unseres sprachstammes den s-laut haben,

ss ist im deutschen ein seltener, β ein häufiger laut; man
hat sich also nur die par worte mit ss zu merken und in
allen übrigen fällen β zu sezen. Fremdwörter wie casse,
pressen etc. haben natürlich immer ss, da β ein specifisch
deutscher laut ist. Kenner des niderdeutschen, des hol-
ländischen oder anderer in diser beziehung auf der stufe
des grunddeutschen stehenden sprachzweige, also auch des
englischen, haben die sache leicht: überall, wo die niderdeutschen dialecte dem hochdeutschen zischlaut den t-laut
gegenüberstellen, steht β; z. b. daβ (auch als artikel und .
pronomen, gotisch: thata), niderdeutsch: dat, engl. that;
laβen (gotisch: lêtan) niderd. laten, engl. let; waβer, niderd. und engl. water, schmeiβen (got. smeitan), niderd.
smiten, engl. smite, angelsächs.: smêtan, schwed. smita.
Wo dagegen im niderdeutschen in übereinstimmung mit
dem hochd. der spirant (sibilant) erscheint, ist s am plaze; z. b.:
kuss, engl. kiss; missen, niderd. messen, engl. miss; ross,
niderd. ross, angelsächsisch: hors, engl. horse, isländisch:
hross, französisch: la rosse. Eben dise totale verschidenheit von β und ss macht auch das festhalten der unterscheidung in der schrift notwendig. Aber wie machen
wirs, wenn ss den wort- oder silbenauslaut bildet, wo es
bis jezt durch β ersezt wurde, z. b. roβ, miβbrauchen?
Folgen wir dem vorgange groβer, sprachmeister und
schreiben wir: rofs, kufs, mifsbrauchen; es ist zwar nicht
gebräuchlich, aber richtig; machen wirs eben gebräuchlich.
Oder wem dise formen gar zu fremdartig aussehen, dem
bietet sich ein anderer ausweg: er greife nach entfernung
jenes falschen β nicht erst zum beβeren (ss oder fs), sondern gleich nach dem besten (f oder s), er folge der schreibung, die in neuerer zeit bei der endung — nis (gedächt-
nis, pluralisch natürlich: — nisse), der vorsilbe mis —
(misbrauchen, dagegen missetat) etc. schon zimlich „gebräuchlich", da es onediβ unmöglich ist, im silben- oder
wortauslaut und vor andern consonanten doppelt ss (überhaupt doppelte consonanz) hören zu laβen und so die schrei-

bung der wörter: gewis, ros, mislich, küft, vermift etc. genau
dem mhd. entspricht.

In einem falle wird dem β der im gebürende plaz nicht
mer zu verschaffen sein: in der endung des nomin. und
accus. singul. neutr. der pronominalen deklination; s, durch
das es verdrängt worden ist, bat sich hier zu ser festgesezt: got. ita, nhd. eigentlich eβ statt es; got. holata, nhd.
holeβ statt holes; ahd. finden wir: i3, hola3, mhd. e3,
hole3. Im genitiv steht aber natürlich s richtig, hier ist
es ursprünglich; deshalb sind auch bildungen wie: deβhalb
weβwegen etc. unbedingt zu tilgen.

Einige formen, in denen fälschlicherweise β für s gesezt
wird, mögen noch der besprechung unterworfen werden.
Ein sprachgesez des Deutschen lautet: alle ursprünglich momentanen laute (p, k, t; b, g, d) gehen mit den inen folgenden dentalen momentanen lauten (t, d) stäts über in
die spirans ires organes und t; also: labiale und dentale
= ft, gutturale und dentale = cht, dentale und dentale =
st. So erklärt sich: gruft, wurzel: grab; dachte, wurzel:
dak; last, wurzel: lad. 3t = βt wird also st; denn dental + dental = st; folglich sind formen wie: wuβte,
muβte, weiβt, gröβt etc. falsch. Denn die stämme: weiβ,
muβ, wuβ sind ursprünglich perfectformen; tritt der dental der personal- oder tempusendung hinzu, so muβ: weist,
wuste, muste daraus werden. Wären die gewönlichen formen richtig, so müsten dieselben mhd. wei3t, wi3te,
muo3te gelautet haben, was nicht der fall ist (weist, wiste,
muoste). Deshalb nur: musten, wüsten, bewust. Ja die
lautwandlung geht im mhd. noch einen schritt weiter, sie
macht dental und dental zu ss, nach langen lauten zu s;
daher formen wie wisse (wiste), muose (muoste). Deshalb
ist „gewiβ" ein sprachfeler; denn „gewiss" ist ein altes parti-
cip und steht für gewist (ursprünglich gewi3t); daher ent-
weder „gewis" oder „gewifs", aber nur gewisser." „Ge-

wißen" dagegen, subst. neutr., ist richtig, weil kein darauf folgender dental vorhanden; wurzel wiჳ = rein. ¹)

Aus dem angefürten erhellet auch, warum man sich gegen den gebrauch des tz. erklären müჳe; z (ts) nimmt in der dentalen reihe dieselbe stelle ein, wie etwa „pf" in der labialen: es ist die verbindung der dentalen tenuis mit der spirans des orgens zur dentalen aspirata, und so wenig man in „kopf" das zeichen für das explosive, momentane element der aspirata zu „koppf" etwa im gegensaz zu „stumpf", oder in „sprechen" im gegensaz zu „keuchen" zur form „sprecchen" oder „sprekchen" verdoppelt, ebensowenig ist es notwendig, diß in „saz" (satz = satts) im gegensaz zu „kreuz" oder „herz" zu tun.

II. Ein erbteil aus jener zeit, in welcher man möglichst vile buchstaben auf das papier zu bringen bestrebt war, ist das wunderliche, bisher ganz inconsequent angewande th. Daß in jener periode unserer orthographie th geschriben wurde, war nicht inconsequent: es stimte ganz zum principe damaliger schreiberweisheit, misgönte man ja das h auch anderen consonanten nicht. Aber inconsequent ist es von uns, daß wir bei den andern consonanten das h fast durchaus getilgt, bei t aber noch beibehalten haben. Man sagt, es sei in vilen fällen ein verschobenes denungszeichen; wenn wir aber gar kein denungszeichen brauchen? Warum schreibt man nicht mer: rhede (wie z. b. Luther noch schrib), khlein, jheden, bheten, khinder u. s. w., aber noch thran, thal, muth, wirth? Inconsequent ist es ferner, daß wir th in manchen wörtern fallen lieჳen, in anderen aber nicht. Warum: bote, tigel, tisch, tadel u. s. w. und daneben: rothe, thier, that? Warum „thun" und nicht auch „salbthe" (imperf. von salben), da doch die imperfektendung „te" derselben wurzel „ta" angehört wie: tat, tun? Dise zusammengehörigkeit zeigt z. b. die gotische conjugation der abgeleiteten

---

¹) Vergl. anhang III.

verba noch ganz deutlich, wo sogar der plural der perfectformen noch die ursprüngliche reduplikation des verbums
got. d o n, ahd. t o n, nachweist, z. b.

gotisch:	ahd.	mhd. u. nhd.
nasi-dêdum	neri-tum(ês)	ner-ten
nasi-dêduth	neri-tut	ner-tet
nasi-dêdun	neri-tun	ner-ten,

imperfect zu „nären“; oder gotisch: habai — dêd-eima (vgl.
seite 29 und 30), unser „hätten“, engl. had. Der regelmäßige vertreter von gotisch (nordisch, niderdeutsch; grunddeutsch) d ist hochdeutsch t; deshalb „salbte“ und „tun“,
aber nicht „thun“. Eine stambildung derselben deutschen wurzel „ta“ ist das zu einer bloßen endung herabgesunkene
wort: tum (heiligtum), mhd. tuom, got. dom = sazung, urteil; indogerm. wurzel dha, griech. $\Im\epsilon$, also regelmäßige
lautverschiebung: dh — d — t; die indogerm. wurzel ist
noch heute im sanskrit erhalten. Warum schreibt man:
tag, aber: vertheidigen, das doch demselben stamm angehört
﹨(v. teidingen = verhandeln über etwas, und dises wider aus
tagedinc = tagessache, gerichtliche verhandlung, termin)?
Also fort mit th! Fs ist zeit, mit solchen resten gründ-
lich aufzuräumen. Schon Heyse, der doch in orthographischen fragen durchaus nicht zu den radikalen gehört, ur-
teilt darüber [1]): „In allen fällen seiner heutigen anwendung ist th unberechtigt. Das gotische th, welches (wie
das englische th und das griechische $\Im$) ein wirklich ge-
hauchter zungenlaut war, verschiden von t und d, geht schon
im ahd. gröstenteils, im mhd. und nhd. durchaus in d
über.“ Also noch einmal: Fort damit!

In griechischen wörtern dagegen, wo es für griech. theta
($\Im$) steht, ist th allein berechtigt. „Wer „teater“, „Teofi-
lus“ etc. schreibt, begeht eine moderne barbarei, die man

---

[1]) Dr. H ey s e , wörterbuch.

den Italienern, denen sie beßer steht als uns, überlaßen möge." (Schleicher, deutsche sprache.)

III. Eine buchstabenverschwendung ist die verdoppelung von consonanten, die inlautend oder im silbenauslaut vor andern consonanten stehen, z. b. brennt, ballt, verdopplung, irrt, rückt u. s. w., da es rein unmöglich ist, doppelconsonanten wo anders als vor vocalen hören zu laßen. Man erspart durch weglaßen der verdoplung zeit, raum und mühe und bringt die sprache mit der schrift in übereinstimmung. Also: brent, belt, verdoplung, irt, rükt. Dem conservativen einwenden: „Woran soll dann ferner die bedeutung von formen wie: schilt (schilt und schielt), stilt (stillt und stichlt, da ja auch kein falsches ie und h mer zu dulden), röslein (röslein und rösslein), sönchen (sönnchen und söhnchen) etc., da die langen vocale von den kurzen in der schrift nicht mer unterschiden sind, erkant werden?" stelt sich sofort die gegenfrage: „Woran erkanten wir denn bisher die verschidene bedeutung der formen kriegen (krieg füren) und kriegen (krigen, bekommen), des wortes acht etc.? Woran erkent der Lateiner den verschidenen sinn des wortes „est" (von sum und edo), „legit" (praes. und perf.), den conjunctiv act. perf. im gegensaz zum futurum exactum?" Geschribenes und gedruktes haben ja einen zusammenhang und durch in wird jeder vernünftige auf das richtige geleitet. Es ist nur sache der gewönung, daß die vorgeschlagenen formen uns jezt auffällig erscheinen; aus erwägungen sowol der praxis als der theorie muß gegen solch übel angebrachten conservatismus geeifer, werden.

Durch die hier vorgeschlagene schreibung gerät man allerdings in konflikt mit dem sonst immer beachteten princip der etymologischen zuständigkeit; aber das phonetische verdient hier unbedingt bevorzugt zu werden. Schreibt man ja auch mittelhochdeutsch: sult, wolte, ja sogar: nimet, benomen neben brennet, und zalreiche ausnamen von der nhd. ge-

wonheit stimmen jezt schon zur'mhd. regel; so: samt, her-
schen, gestalt, geschäft, gewinst, damhirsch, walfisch etc.
Consequenterweise solte dann nicht nur im silbenauslaute
bei darauffolgenden consonanten, sondern auch im wort-
auslaute die verdoplung eingestelt werden, da ja die con-
sonantenverdoplung organisch nur vor einem vocal statt-
finden kann, also wie mhd. Got, wil, nim. Doch mögen
hier aus gründen der zwekmäßigkeit die inlautenden consonanten auch auslautend beibehalten werden.

IV. Ins bereich der lautlichen unmöglichkeiten gehört auch dt,
ein zopfiger rest aus der harbeutelzeit. Wem in aller welt
ist es denn möglich, vor einer tenuis die media des organs
hören zu laßen? Solche schreibung mutet uns eine aussprache zu, die rundweg gegen alle geseze der physiologie
verstößt. Ist es schon unmöglich, in fließender rede ein„wantte“,
„gesantt“ etc. zu sprechen, um so unmöglicher muß ein
„wandte“, „gesandt“ erscheinen. Man schreibe also: wande,
angewand, schreibt man ja auch: das gewand (vestis), be-
redsamkeit. Doch hätte dt in den angefürten wörtern als
etymologische schreibung noch eine gewisse berechtigung,
wenn man sich auch aus gründen der aussprache dagegen
erklären muß; aber was sollen vollends formen wie: erndte,
stadt, todt? Hier mangelt jede lautliche und geschichtliche
berechtigung. Es gab doch nie ein: erndete, stadet, todet,
aus denen jene formen gebildet wären! (Tod = partici-
pialform von towjan, touwan, dowen, got. daujan =: ster-
ben; ahd. tod, mhd. nach dem gesez der mhd. schreibung,
im auslaut stäts die tenuis zu sezen: tot, got. dauthus,
engl. death; historisch richtig ist also: tod).

Als außer zusammenhang mit der sprache selbst sei
schließlich noch zweier gebrechen unserer schrift erwänung
getan: der form unserer buchstaben und des gebrauchs
großer anfangsbuchstaben für die substantiva; über beide
übelstände ist schon zu vil geschriben und gestritten worden. Man laße in beiden dingen nur jedem seinen freien

willen und das vernünftige wird sich von selbst ban brechen. Man muß sich nur wundern, daß man hie und da
noch so einflußreiche und bedeutende blätter wie die „gar-
tenlaube" (jargang 1867), den „deutschen sprachwart" (III.
band, 1868) für die sogenannte deutsche schrift partei
nemen siht. Sie ist ja nicht etwas nationales, unsere
schrift ist nur die verzerte und verschnörkelte form für
die schöne runde römische schrift, eine form, wie sie zur
zeit der erfindung der buchdruckerkunst üblich war; unsere slawischen, romanischen und nordgermanischen nach-
barn hatten dieselbe früher auch, sind aber bereits großen-
teils zur einfacheren, reineren urform zurükgekert; die
besten deutschen schriftsteller folgen irem beispile (Hufe-
land, 1824, W. v. Humboldt, 1824, Grimm: Vorrede zum
deutschen wörterbuch, 1854). Mit dem schwinden dises
übelstandes wird der andere, der gebrauch der majuskel
für die substantiva, von selbst fallen. Offenbar haben die
großen initialbuchstaben den zweck, die übersicht zu er-
leichtern; allein bei uns Deutschen ist es sonderbarerweise
sitte geworden, alle substantiva durch die majuskel auszu-
zeichnen; so bringen sie statt erleichterung der übersicht,
erschwerung derselben. Und wie vil bleibt dabei, will man
consequent verfaren, troz aller regeln, troz aller schulmeisterei noch zweifelhaft, unbestimt, ja unbestimbar! Es
ist durchaus kein stichhaltiger grund für die beibehaltung
der majuskel im anlaut der substantiva vorhanden. Das
substantiv ist nicht das wichtigste Wort in der rede (man
vergleiche das verfaren in der Gabelsbergerschen redezei-
chenkunst!), im saz ist ein wort so wichtig wie das andere, und soll ja eines als wichtiger gelten, so verdient
dise bevorzugung das verbum, der prädikative, der leben-
digste teil in der sprache. Verteidiger diser son-
derbarkeit füren unter anderem auch an, mit der sprache
weniger vertraute könten daran das substantiv erkennen.
Das ist war. Allein bedarf es diser eselsbrücke? Der sinn,
der zusammenhang des sazes sagt uns, was verb, adjectiv

etc. ist, er sagt uns auch, was substantiv ist. Und sind
wortarten, wie adverbien, präpositionen etc. für den in der
grammatik wenig bekanten in der regel nicht vil schwerer
zu bestimmen, als die substantiva? Die sache hätte noch
einigen wert, wenn man für jede wortart ein besonderes
erkennungszeichen hätte — bedarf man überhaupt eines
solchen. Es ist durchaus nicht einzusehen, wie Raila¹) den
gebrauch der majuskel für die hauptwörter in zusammenhang mit dem innern wesen der sprache bringen oder wie
er behaupten kann, dadurch könten auch die übrigen be-
grifswörter leichter erkant werden, abgesehen davon, daß
er mit diser forderung in widerspruch gerät mit dem un-
mittelbar vorher aufgestelten saz: Schreibe wie du hörst.
Man kann doch nicht bald ein großes, bald ein kleines t,
d etc. hören!

Darum fort mit diser schreiberpedanterie und schul-
meisterlichkeit, fort mit diser raum- und zeitverschwendung im drucke und beim schreiben, fort mit disem reste der
zopfzeit! Auch mit der beseitigung dises misstandes
greift man nicht an ein nationales gut; man kent dise
närrische mode erst seit ein par jarhunderten; Luther übte
sie noch nicht; er schrib zwar häufig großen anfangsbuchstaben, aber nicht nur bei substantiven, sondern auch bei
andern wortarten, wenn er sie besonders hervorgehoben
wißen wolte. Schriftsteller und sprachforscher des vorigen und dises jarhunderts — und darunter namen
von bestem klange — haben sich gegen dise unsitte
erklärt und ir nie gehuldigt, und man kann deshalb sagen, daß sic in Deutschland nie algemein herschend geworden.

Diß sind die hauptsächlichsten verkertheiten und inconsequenzen in unserer orthographie und schrift; eine um-
ker zur einfachheit, bezw. fortgesezte reinigung von allem

---

¹) In der schrift: der vokalakzent. München 1866.

überflü/3igen tut dringend not; di/3 wird auch algemein an-
erkant; aber nur durc'ı die gröstmögliche annäherung zur
einfachheit werden wir zur einigkeit auch auf disem
gebiete gelangen. Welche mühe macht es dem kinde,
dem ausländer, sich alle verkertheiten und wilkürlichkeiten
unserer schreiberweisheit anzugewönen?

Anhang I.

Wörter mit berechtigtem h.

1) h ist aus indogermanischem k entstanden oder ist überhaupt aus der älteren sprache beibehalten in:

ähre; ahd. ahir (gesprochen: achir); vergl. lateinisch ager, griech. ἄγρος, got. akr. Die arische familie hat andere grundformen, was sich aus den kulturverhältnissen diser völker erklärt.

Böhmen, h alter anlautconsonant aus Bojohemum.

bühl, bühel (= hügel); ahd. puhil, aber auch buol, doch zeigt bühl die abstammung von puhil durch den umlaut, aus buol villeicht beule; vergl. πάγος = ursprünglich jede erhöhung; buckel; Dinkelsbühl — alt: ... pûhl.

dohle für dahle (ein nicht isoliert dastehender vokalwechsel, z. b. docht für mhd. daht); ahd. taha.

erwähnen ist durchaus nicht mit dem verb „wänen" von „wan" verwand; indogerm. wurzel: wak, deutsche: wah, wag (vergl. vigas, weg); vergl. ahd. ga-wahan, ki-wahanjan, mhd. ge-wahen.

oheim, ohm (aus ohem), mhd. ôheim, ocheim; vergl. avus, avunculus, woraus onkel.

träbne, ahd. masc. traban, altsächsisch : trahni, mhd. trahen, plur. trahene, woraus unser fem. traehne; wurzel dra, tra = niderrinnen.

vih, mhd. vihe, abd. fihu, got. faihu (= vermögen, besiz), lat. pecus, sanskrit: paçu, indogerm. grundform: paku ; wurzel: pak = fangen, besizen ; vergl. fahen, lat. pangere mit wurzelerweiterung.

zähre, mhd. zaher, zahir (masc.), aus dem plural: zehere unser femin. zähre ; s. trähne; ahd. zahar, zahari, got. tagr, griech. δάκρυον, sanskrit: asru, indogerm. urform: dakru; lacrima aus altlatein. dacruma.

zehn, s. pag. 19.

2) h ist aus mittelhochdeutschem, jezt nicht mer ausgesprochenem h (= ch), hin und wider auch aus g hervorgegangen, ist also verwand mit dem h in den wörtern unter 1).
almählich für algemächlich; von gemach = ruhe, bequemlichkeit; vergl. gemachsam.

brühl, ahd. brogil.

empfahen, fahen, fähig; wurzel pak; vergl. vih.

fehde, mhd. vêhede von vêhen = haßen und dises von vêch = feindselig, oder villeicht von fehtan = fechten.

flehen; mhd. vlêhen.

fliehen; mhd. vliehen; — der floh.

gäb, jäh; vergl. gâch, ahd. gâhi, und: jach.

gedeihen; mhd. gedihen; vergl. gedigen.

gemahl; mhd. gemahel; — vermählen, mahlschaz = brautgabe.

geruhen; mhd. geruochen (hat mit ruhe, mhd. ruowe, nichts zu schaffen) von ruoch, ruohe = sorge, rüksicht; derselbe stamm in : verrucht (partic. praet. von verruchen) und ruchlos; ahd. garohjan.

geschehen; ebenso mhd.

geweih; mhd. gewige von wîgen = kämpfen; vergl. gewicht in demselben sinn, im älteren neuhochdeutsch: hirschgewicht.

heher; mhd. hëher, ahd. hehara.

höhe, hoher; vergl. hoch.

leihen; mhd. lihen.

lehnen; mhd. lêhenen; — das lehn, ahd. lêhan.

mahlstatt; mhd. mahelstatt := gerichtsstätte.

nahe; mhd. nâhe; vergl. nach, nachbar, ahd. nâchgepûr, engl. neighbour.

québle; mhd. twehele, schweizerisch zwehel, vom verlorenen twahen.

rauh; mhd. rûch, ahd. rûh; vergl. mundartlich rauch, ferner rauch (subst. mascul.), rauchwerk (= pelzware), engl. rough.

reh; mhd. rêch, genit. rêhes; vergl. ricke (weibliches reh.)

reihe, reihen, reiher; vergl. ahd. rîhan, sowie rige, reigen und reiger.

schlehc; mhd. slêch, ahd. slêha.

schmähen, schmählich; mhd. smaehen, smaehelich; vergl. schmach.

schuh; mhd. schuoch, schuohes; mundartlich schuëch.

schwäher; mhd. swêher; vergl. schwager, schwiger, ahd. swigar.

sehen; mhd. sëhen; mundartlich sêchen, sicht; vergl. sicht (subst. fem.)

seihen (= durchtröpfeln und durchtröpfeln laßen); mhd. sîhen, ahd. sîhan, sîkan; vergl. seicht, sichten, sickern, seigen (= tröpfeln), versigen.

spähen; mhd. spëhen.

stahl; mhd. stahel, tirolisch stachl.

trube; mhd. truhe.

weihe (vogel); ahd. wiho; im nhd. masc. und fem., ahd. nur masc.; h villeicht auch aus w, denn ahd. neben wibo die formen wio, wiwo, wigo, mhd. wiwe, wige, wihe.

weihen; mhd. wihen von mhd. und ahd. wîh = heilig; daher auch weibe, weihnachten, weihrauch; vergl. weichbild und mundartlich weichbrunn (= weihwaßer), weichen und geweicht.

wibern; dialektisch: wicheln, mhd. wihelen; analogien zum
wechsel zwischen l und r finden sich in: wolf und sanskrit
vrkas (urform varkas), Ludolf und Rudolf, wandeln und
wandern, tölpel und dörper, schwäbisch chilche und
kirche, wurzel ruk und luk (in leuchten, licht); vergl.
lacrima aus dacruma.

zähe; mhd. zaehe, ahd. zâhi; vergl. niderdeutsch tàg,
engl. tough, lateinisch tenax (x = cs).

zehe; mhd. zêhe, ahd. zêha; vergl. zîhaô, gotisch: tciban
= zeihen, zeigen; also: der zeiger = finger; wurzel:
dik; vergl. lat. dicere, digitus, griech. δάκτυλος.

zeihen; mhd. zîhen; vergl. die mhd. verbalform zêch, sowie: inzicht, verzicht, bezichtigen.

ziehen; mhd. ebenso; wurzel zuh, zug.

3) h ist zwischen vocalen aus mhd. j entstanden in:

bähen; mhd. baehen, baejen, ahd. bájan; h kann auch aus
indogerm. k hergeleitet werden, da ahd. bâbjan auf eine
wurzel „bak" weist; causativum zu: bakan.

bläben; mhd. blaejeu.

blühen; mhd. blüejen; aber blüte, mhd. bluot, geuit. und
dat. blüete.

brühen; mhd. brüejeu; die brühe.

drehen; mhd. draejen; h villeicht auch für ch, vergl.
drechseln.

früh; mhd. zwar vruo, aber auch vrüeje; frühling.

krähen, die krähe; mhd. kraejen und kraeje; h könte
hier auch von indogerm. k hergeleitet werden: vergl.
ahd. krâhan, krâbjan; krächzen; latein. graculus.

kühe; s pag. 20; ursprünglich wol kaum element der be-
wusten sprache, sondern schallnachamender laut, der
die form eines wortes angenommen hat.

loh, lohe; ersteres mhd. lôch (hain); vergl. Hohenlohe,
Wiesloch; lezteres ahd. louga, louc, louch, verwand mit
leuchten; vergl. lichterloh; lohen.

mähen; mhd. maejen, ahd. mâhan; vergl. gotisch: maitan
(= abschneiden).

4

mühe; mhd. müeje, ahd. muoha, muoja; - mühen; mhd.
müejen, ahd. muojan, muowan = bewegen; vergl. lat.
movere.

nähen; mhd. naejen, ahd. nâhan, nâwan; verwand mit
nah; vergl. lat. nere, nectere; wurzel jedenfals: nak.
sähen wäre die von der analogie geforderte schreibung für
das gebräuchliche: säen; mhd. saejen, ahd. sâhan, sâwan;
vergl. lat. sero, sevi.

wehen; mhd. waejen, ahd. wâhan, wawan; sanskrit: vâ;
• vergl. waberlohe. Die wurzel „wa" unmittelbare nach-
amung des naturlautes.

4) h ist aus w hervorgegangen in:
drohen; mhd. drouwen, ahd. drewan.
ehe (matrimonium); ahd. êwa; s. w. u.
froh; mhd. vrô, aber dekliniert: vrouwer, auch vroher; doch
villeicht besser one h; wurzel fru; vergl. freude.
roh; mhd. rô, rouwer; ahd. raw, row; engl. raw; ursprünglich anlautendes h aus k (änlich wie hwiş (wer) aus ka),
isländisch: hras, lat crudus. Jedenfals gleicher wurzel
mit rauh.
ruhe; mhd. ruowe; ruhen; ahd. ruowjan, râwen.
schlehe; ahd. sleha; vom adjektiv slê, genit. slewes =
stumpf, matt, landschaftlich auch herbe; oberdeutsch:
schlew, schlewig.
sprühen; mhd. spriuwen; wurzel: spru; vergl. spreu.
stroh; mhd. genit. strowes; vergl. strôuwen = streuen;
engl. straw.
weiher; ahd. wîwâri, wihâri; lat. vivarium.

5) h ist durch zerdenung aus mhd. langem e entstanden in:
ehe; mhd. ê; ahd. êwa; s. o.
ehe (prius); mhd. ê, verkürzt aus êr.
ehern; mhd. êrin; von êr = erz, zerdent eher; also für
eheren.
gehen; mhd. gên, ahd. gân.
stehen; mhd. stên, ahd. stân.
wehe; mhd. wê, ahd. wê, got. vai, lat. vae, vergl.

sanskrit hvê = schreien; ahd. der wêwo und diu wêwa, mhd. der wêwe, der und daʒ wê, genit. wêwen, ebenso im plural.

Dunkel in seiner abstammung und deshalb bezüglich des h nicht zu bestimmen ist: nachahmen; villeicht von ahd. ahamo, mhd. achme = spiritus, mens; villeicht aber auch von mittellatein. ama, mhd. âme; vergl. imitari. Die ältere sprache kent diʒ wort nicht und gebraucht dafür: gilihison = gleisen (s. pag. 57).

Anhang II.

Wörter mit berechtigtem ie

(mit auslaßung der verba, welche aus irer verwandschaft mit anderen
wörtern sofort als u-stämme zu erkennen, und der verbalformen, welche
nach dem pag. 28—30 angefürten mit ie zu schreiben sind).

betriegen; s. p. 31.

bier; ahd. bior, urdeutsch: bius, grundform: piv-as; vergl.
slawisch: pivo (getränk, bier), lat. bibere; wurzel pi.

die; als nom. sing. fem. für mhd. diu; als acc. sing. fem.
mhd. die, ahd. dia, got. tho; als nom. plur. masc. ahd.
di-ê, got. thai; als acc. pl. masc. ahd. di-ê, got. thans;
als nom. et acc. fem pl. mhd. die, ahd. di-e, di-o, got.
thôs; als nom. et acc. pl. neutr. mhd. diu, ahd. di-û,
got. thô.

dieb; mhd. di-eb (auch mundartlich jezt noch), ahd. diub,
got. thiubs.

dienen; mhd. di-enen, ahd. dionôn, vom stamm diu =
knecht, magd; wurzel: du. Derselben wurzel und desselben stammes ist

dierne; eine weiterbildung von „diu" (in der Bedeutung:
magd); mhd. di-erne, ahd. diorna für diuwarna; gewönlich gekürzt: dirne.

dienstag; älter ziestac aus ziwestac; tag des Zio, Ziu
(ahd.), nordisch Ty-r (genitiv Ty-s), urdeutsch: Tius
(genitiv: Tivis, plural: Tivar = Ζεύς, gen. Διός); wurzel: div = leuchten; vergl. lat. deus, divus, littauisch:
dēvas, sanskrit dēvas. Wir haben also hier eine jedenfals seltene, villeicht einzige ausname von dem sonst
durchaus wirkenden geseze der lautverschiebung; der
wurzelanlaut d geht urdeutsch regelrecht in t über (erhalten im nordischen Tyr, dem gott des himmels und
eigentlichen kriegfürer, sprachlich und mythologisch
nicht zu verwechseln nordisch Thôr, ahd. Donar, dem
gott des donners), ahd. tritt regelmäßiges z ein (Ziu),
aber nbd. kert zum indogerm d zurück.

Dietrich; aus ahd. diot =· volk und rîch == mächtig;
vergl. fridrich; gotisch Thiudareiks ('Theoderich) ==
„volksmächtig"; Δημοκράτης.

fiechte wäre richtiger als fichte; mhd. viehte; s. liecht
und niecht.

frieren; mhd. friesen, ahd. friusan; wurzel frus; vergl.
frost.

griebe, meist im plural grieben; mhd. griebe; niderdeutsch:
grêben.

grieß; mhd. grie3, ahd. grio3; von grießen; vergl. engl.
grit; grüze. Nicht verwand mit: grisgram; gris von griseln, niderdeutsch grisseln, demin. von grausen (vergl.
gruseln), also s; vergl. ahd. griscramon = nhd· grisgramen, aus gris (= graus) und gram, vor gram und
unmut schaudern, murren; oberdeutsch: es grisgramt
= ist grimmig kalt.

Grieche von lat. Graecus.

hiefe; ebenso mhd.; ahd. hiufo; fränkisch hi-eften.

hiefhorn; von ahd. hiufan =·zurufen, tönen; gewönlich
hüfthorn.

hier; mhd. hier, hie, ahd. hiar (ie also zunächst aus ia,
wie in die, acc. sing. fem.). Jedenfals ligt ein alter instrumentalis (lokativ?) zu grunde, wie in heuer, heute;

hiu = ein alter instrumentalis des pronominalstammes
hi (als selbständiges pronomen im deutschen verloren,
erhalten in hi-n, he-r, lat. hic, haec, hoc, adv. hic); r
villeicht rest eines mit dem pronomen verbundenen sub-
stantivs, wie in „heint" das „nt" (aus hinaht).
kiefer, kiefe (kinlade); mhd. kiuwe; vergl. das land-
schaftliche kiefen = kauen, ahd. chiuwan.
kiefer aus kienföre.
kiel; mhd. kiel, ahd. kiol; vergl. engl. keel. Durchaus
verschiden von federkil, ahd. kil, engl. quill.
kieme past zu mhd. kiuwe, ahd. chiuwa.
kien; mhd. kien, ahd. chien.
krieg; mhd. kriec.
lieb; mhd. lieb, ahd. liub, got. liubs, grundform: liubas;
vergl. lat. lubet, libet. Wurzel ist: lub = lieb, wert
sein, begeren, gerne haben; daraus das verbum liuban
= lieben, und das causativum ga-laubjau = glauben
= sich lieb sein laßen, für wert halten. Desselben
stammes ist: lob, urform lubam.
liecht wäre richtiger als licht; mhd. li-echt, ahd. lioht,
liuht; wurzel: luh, luk; vergl. leuchten aus liuhten,
liuhtan, und lat. lux, lucere; indogerm. wurzel: luk aus
ruk (s. pag. 49: wihern). Verkürzung wie: dirne, fichte,
nicht. Ganz andern stammes ist lichten = leicht
machen, entlasten, aufheben, aufwinden; von ahd. liht
= leicht.
lied; mhd. liet, ahd. liod; deutsche wurzel: lud; vergl. laut,
ahd. blûd; got. liuthan = singen; lauten, ahd. hlûdan,
lutan; läuten, ahd. hlûdjan, hlutjan; lauter, ahd. blûdar;
leumund, ahd. hliumunt, got. hliuma; leute, ahd. liut
(vergl. polnisch: lut = volk, slawisch: lid), got. lauths.
Die wurzel „hlut" weist auf ursprünglich anlautendes k
hin (vergl. pag. 50: roh). Grundverschiden ist augenlid,
ahd. lid, plur. lidi, mhd. lit; von litan, lidan = sich
bewegen; vergl glid (pars corporis), leiten; engl.
eyelid.

mieder; mhd. muoder; da mhd. uo = nhd. u, wäre richtiger: müder; ebenso bei liederlich und lüderlich.

miete; mhd. ebenso, ahd. mieta, miata; im algemeinen: gabe, geschenk. Dagegen: mite (made), mhd. mîʒe.

nie; ahd. nio, néo aus': ni io, ni êo =' nicht je; ebenso niemand: ahd. nioman, nêoman aus: ni io man = nicht je ein mann, mensch.

niedlich; mhd. niet, nietsam = angenem; ahd. niot = wunsch, verlangen; nioton = erfreuen.

niecht wäre richtiger als nicht; mhd. niht, nicht; ahd. neoht, neowiht, niwiht aus: ni io wiht; (lczteres subst. = ding, wesen; vergl. wicht, die endung —icht); got. ni-vaihts; engl. no-thing, franz. ne-rien (d. i. rem). Genitiv: nihtes („daʒ im nihtes gebrast"), dativ: nihte (ahd. nihtu, niwihtu); zu nichte.

niere; ebenso mhd., ahd. nioro.

niesen; ebenso mhd., abd. niusan; wurzel: nus. Nieswurz.

nieten; abd. niotan; grundbegriff: pressen, drücken, daher: not.

pfrieme; mhd. femin. phrieme; vergl. brêmen = stechen, bremse.

ried; mhd. riet, ahd. hriot; niderdeutsch: rêd, engl. reed.

riemen; mhd. rieme, ahd. riumo.

riester; ahd. riustar, riostra = pflugsterz.

schier; mhd schiere, ahd. skioro; bedeutung: 1) schnell, plözlich, bald, sogleich (in disem sinne beseitigt), 2) beinahe, fast. Schieren, ahd. skioran = bereit, fertig machen, die bewegung beschleunigen. Dagegen: schir, = rein, lauter, gotisch skeirs, altsächsisch skir, mhd. schir; davon: scheiren, gewönlich scheuern = blank machen.

schmiegen; mhd. smiegen, ahd. smiugan; wurzel: smug; vergl. niderd. smuggeln, schmuggelu.

sie; vergl. die.

siech; ahd. sioh, siuh; wurzel suh; vergí. seuche, sucht; gotisch: siuks, daher siukan.

spieß; mhd. spie3, ahd. spio3, schwedisch: spiot. Dagegen: bratspiß, abd. spi3; vergl. spiz. Niderdeutsch unterscheidet spét und spit.

stief = kiud etc.; ahd. stiuf; stiufan, praeter. stiufta = berauben, verwaisen; stiupan (staup etc.) = umstürzen, ausgießen; vergl. staupe (subst. femin.). Stiefmütterchen = viola tricolor; nach Jakob Grimm trugen leibliche geschwister einfarbige kleider, stiefverhältnisse dagegen wurden durch verschidenfarbige, bunte kleider angedeutet.

stier; mhd. ebenso, ahd. stior, got. stiurs; wurzel stur = hoch, groß; vergl. stiuran = steuern. Dagegen: stir = starr.

tief; ahd. tiof, tiuf; wurzel: tuf, dup; vergl. taufen.

vier; allerdings aus fidvor, aber ahd. vior.

verlies = ort, wo man sich verliert, verschwindet, zu grunde geht; steinverlies (abgrund), wein=, burgverlies.

wie; mhd. wie, ahd. weo, wieo, hweo; aus dem instrumentalis des interrogativums: hwis, hwata; wurzel: ka, ki; vergl. lat. qui, quo etc.

zier; mhd. ziere, ahd. zieri, ziari, warscheinlich mit ausgefallenem h für zihari; wurzel zih; zihan = zeigen; vergl. lat. decus, decorus; — zieren; ahd. ziarjan, ziaran; — zierde; ahd. zierda, zierida, ziarida; — zierlich; mhd. zierlich, auch ziersam.

In wörtern wie: brif (brevis), fiber (febris), sigel (sigillum), spigel (speculum), stifel (aestivale), tiger (tigris), vlis, besser flis (vellus), zigel und tigel (tegula) ist stäts das einfache i vorzuziehen.

Anhang III.

Deutsche wörter mit berechtigtem ss.

In fremden, wenn auch eingebürgerten wörtern, wie: kasse,
bass, assel, assessor, mesner, kann nie β stehen.

blasse, blesse oder bles (weißer stirnfleck ˙ bei pferden
und rindern); mhd. blasse; mhd. blas = kal; von: blaß,
bläße grundverschiden.

brasse; niderdeutsch, aus brachsme, fisch.

brassen, segel richten, aus dem niderdeutschen, das kein
β kent.

brasseln (prasseln), nebenform zu: bersten; mhd. brasteln
und bresteln; vergl. pag. 38.

dessen; genitiv.

drossel (vogel); mhd. droschel; engl. throstle; mundartlich:
droustl; dagegen: erdroßeln; vergl. mhd. droʒʒe, engl.
throat.

esse (fumarium); mhd. ĕsse,

gewis, gewisser; s. o. pag. 38.

gleissen, besser gleisen, auf keinen fall gleißen, gleis-
ner, aus gleichsen; mhd. gelîhesen, gelîhbsenaere (gelîch,
gleich); = sich gleichstellen, heucheln; ahd. gilihison;

5

s. pag. 51: nachahmen. Ganz verschiden davon ist
gleißen, mhd. glîʒen = glänzen.

hissen (die flagge), niderdeutsch.

kreissen, besser kreisen für kreisten; vergl. brasseln.

kresse; mhd. ebenso; ahd. krëssa, —o.

kuss, kus, küssen, aber: küste, geküst; mhd. kus; s.
pag. 37.

küssen, richtiger als kissen; engl. cushion, franz. coussin.

messing; mhd. messinc.

miss-, mis-; miʒ- ist falsch; mhd. misse-, daher missetat.

missen, vermissen; engl. to miss.

-niss oder -nis, aber -nisses, -nisse; mhd. -nisse; engl.
ness.

pass in jeder bedeutung; passen; fremd.

pissen, auch niderdeutsch ss.

possen in jedem sinn; daher possierlich.

presse; eigentlich fremdwort: premo, pressi.

ross oder ros; s. pag. 37.

spass; fremd: italienisch spasso von spassare.

spessart aus spechteshart.

tross aus mittellateinisch: trossa = bündel, gepäck.

wessen; genitiv.